떼었다 붙였다 하면서 즐기는
종이놀이 도안집 5탄

소워니놀이터와
함께 떠나는
띠부띠부
세계여행

때었다 붙였다 하면서 즐기는 종이놀이 도안집 5탄
소워니놀이터와 함께 떠나는 띠부띠부 세계여행

초판9쇄발행	2025년 09월 05일
초 판 발 행	2024년 01월 25일
발 행 인	박영일
책 임 편 집	이해욱
저 자	조윤성
그 림	조윤성, 김연수
편 집 진 행	황규빈
표 지 디 자 인	김도연
편 집 디 자 인	김지현
발 행 처	시대인
공 급 처	(주)시대고시기획
출 판 등 록	제 10-1521호
주 소	서울시 마포구 큰우물로 75 [도화동 538 성지 B/D] 9F
전 화	1600-3600
홈 페 이 지	www.sdedu.co.kr
I S B N	979-11-383-6418-8(13630)
정 가	20,000원

※이 책은 저작권법에 의해 보호를 받는 저작물이므로, 동영상 제작 및 무단전재와 복제, 상업적 이용을 금합니다.
※이 책의 전부 또는 일부 내용을 이용하려면 반드시 저작권자와 (주)시대고시기획·시대인의 동의를 받아야 합니다.
※잘못된 책은 구입하신 서점에서 바꾸어 드립니다.

시대인은 종합교육그룹 (주)시대고시기획·시대교육의 단행본 브랜드입니다.

prologue

안녕하세요. 소워니놀이터의 소워니, 시워니 엄마입니다.
'소워니놀이터'라는 이름으로 첫 번째 책을 출간한 게 엊그제 같은데 벌써 다섯 번째 책 출간을 앞두고 있네요. 종이놀이 도안집 1~4탄 모든 시리즈에 꾸준한 관심과 사랑을 보내주신 여러분들 덕분에 이렇게 좋은 기회로 인사를 드리게 되었어요. 소워니놀이터 도안을 사랑해주시는 모든 분께 이 자리를 빌려 감사의 인사를 전합니다.

소워니놀이터 시리즈 5탄은 '세계여행'을 테마로 잡았어요. 그동안 해외여행을 가고 싶어도 못 가는 상황이었는데 이제는 슬슬 놀러 갈 준비를 해도 될 것 같아요. 여행을 떠나기 전, 종이놀이를 통해 새로운 나라에 대해 알아두면 더욱 재미있는 여행이 될 거예요. 물론 이전 시리즈와 마찬가지로 아이들이 즐겁게 놀면서 동시에 배우는 것이 있도록 다양한 요소를 넣었답니다.

〈소워니놀이터와 함께 떠나는 띠부띠부 세계여행〉의 특징은요,
첫 번째로 10가지 나라에 대해 알아보는 시간을 가질 수 있어요.
가깝게는 우리나라부터 멀게는 유럽까지 10개국의 문화와 특징을 재미있게 놀면서 익힐 수 있어요. 도안은 각 나라의 대표적인 문화를 바탕으로 만들었고요, 소워니놀이터 친구들 역시 전통 복장과 소품을 갖추고 있기 때문에 역할놀이를 하면서 각 나라의 대표 문화를 체험할 수 있어요. 특히 컬러링 파트에서는 나라의 위치, 수도, 언어 등 간단한 기본 정보를 익히고, 국기와 문화 컬러링 도안을 칠하며 더욱 심도 있는 학습이 가능해요.
두 번째로 가게 놀이를 통해 나라별 화폐에 대해 공부할 수 있어요.
전체 도안의 반 정도가 가게 놀이로 구성되어 있어요. 1탄의 가게 놀이와 마찬가지로 역할놀이를 하면서 물건의 가격을 확인하며 덧셈과 뺄셈을 익힐 수 있고, 값을 계산하면서 경제 관념도 배울 수 있어요. 하지만 여기서 끝낼 순 없죠. 세계여행에는 가격이 해당 나라의 화폐로 적혀있어서 원화가 아닌 다른 화폐에 대해서도 알 수 있어요. 어떤 화폐를 사용하는지, 우리나라 돈으로 환산하면 얼마인지 폭넓게 알아볼 수 있답니다.
마지막으로 다양한 캐릭터로 다양한 이야기가 담긴 역할놀이를 할 수 있어요.
총 20명의 소워니와 시워니가 테마에 맞게 각각 따로 수록되어 있어요. 피부색은 물론 헤어스타일이나 의상, 소품에 해당 나라의 특징을 100% 반영했어요. 소워니놀이터의 동물 친구들 역시 테마에 맞게 준비하고 있으니 가족이나 친구들이 다 같이 모여 놀이할 수 있어요.

도안을 만드는 방법은 어렵지 않지만, 칼로 오리는 부분은 위험하니 어른들이 도와주면 좋을 것 같아요. 그것 이외에는 서툴더라도 아이가 혼자 만들 수 있도록 응원해주면 테마를 하나씩 완성했을 때 아이의 만족감과 성취감은 이루 말할 수 없을 거예요.

아이의 건전한 취미를 위해 소워니놀이터를 선택해주셔서 감사해요.
〈소워니놀이터와 함께 떠나는 띠부띠부 세계여행〉으로 10개국을 재미있게 여행하는 시간이 되길 바랄게요 :)

소워니놀이터_조윤성

 c o n t e n t s

프롤로그

PART 1
띠부띠부 세계여행 준비하기

01. 도구&재료 소개 및 사용법 / 8
+ 도안 코팅하기 : 손코팅지, 코팅 기계(+ 코팅지)
+ 도안 떼었다 붙였다 하기 : 양면테이프
+ 도안 오리기 : 가위, 칼, 커팅매트
+ 도안 조립하기 : 얇은 투명테이프(+ 물레방아 커터기)
+ 도안에 글씨 쓰기 : 네임펜

02. 도안 만들기 기호 / 15
+ 도안 조립 기호

03. 소워니놀이터 친구들 / 16
+ 소워니놀이터 친구들 프로필

PART 2
띠부띠부 세계여행 튜토리얼

한국
맛있는 김장 놀이 / 22

일본
따끈따끈 온천 / 26

중국
골라골라 마라탕 / 32

프랑스
해피 베이커리 / 38

스위스
행복한 동물농장 / 44

미국
하와이 비치 바 / 48

인도
소워니네 커리 / 52

멕시코
타코 푸드트럭 / 56

벨기에
초코초코 메이크 / 60

핀란드
산타 마을 / 64

PART 3
띠부띠부 세계여행 컬러링 / 70

PART 4
띠부띠부 세계여행 도안 / 93

PART 1

띠부띠부 세계여행
준비하기

띠부띠부 세계여행을 떠나기 전에 미리 알아두면 좋은 내용을 소개해요. 필요한 도구와 재료에는 어떤 것이 있고, 어떻게 사용해야 하는지 친절하게 알려드릴게요. 중간에 여러분이 궁금해할 만한 부분은 Q&A로 적어두었으니까 잊지 말고 꼭 읽어보세요. 어려운 부분은 없으니 가볍게 읽으면서 방법을 익혀요.

도구&재료 소개 및 사용법

띠부띠부 세계여행을 만들 때 사용하는 도구와 재료를 알아봐요. 주변에서 쉽게 구할 수 있고, 그만큼 자주 사용하는 도구와 재료지만 한 번 더 꼼꼼하게 확인해 보세요!

🐼 도안 코팅하기

손코팅지, 코팅 기계(+ 코팅지)

띠부띠부 세계여행을 만들 때 가장 먼저 해야 하는 것은 도안을 코팅하는 일이에요. 도안을 깔끔하게 코팅하면 쉽게 망가지지 않고, 떼었다 붙였다 하면서 오랫동안 가지고 놀 수 있거든요. 코팅할 수 있는 도구와 재료는 크게 두 가지인데요, 각각의 특징을 살펴보고 어떤 방법으로 코팅을 하는 게 좋은지 확인해봐요.

1. 손코팅지

이름 그대로 손으로 코팅할 수 있는 재료예요. 손코팅지는 한쪽 면은 접착력이 있는 필름이고 다른 한쪽 면은 보호 필름으로 되어있어요. 한쪽 면만 코팅할 수 있기 때문에 **도안 1장을 양면 코팅하려면 손코팅지 2장이 필요**해요. 코팅지의 보호 필름을 떼어내고 도안의 앞면에 접착력이 있는 면을 붙인 다음 손으로 슥슥 문질러요. 도안을 뒤집어 반대쪽도 같은 방법으로 붙이면 손쉽게 양면 코팅을 할 수 있답니다.

+ 장점 : 누구나 쉽고 간단하게 코팅할 수 있어요.
− 단점 : 열을 가해서 완벽하게 밀착시킨 것이 아니므로 놀이를 하다 보면 종이와 코팅지가 분리될 수 있어요.

쉽게 따라 해요. 소워니 skill

• 손코팅지로 도안 코팅하기

① 손코팅지의 보호 필름을 벗기고 도안 앞면에 접착력이 있는 부분을 올린 뒤 손으로 슥슥 문질러 붙여요.

② 도안을 뒤집어 뒷면에도 같은 방법으로 손코팅지를 붙여요.

③ 코팅지가 잘 밀착되도록 손으로 슥슥 밀어 꼼꼼히 붙여요.

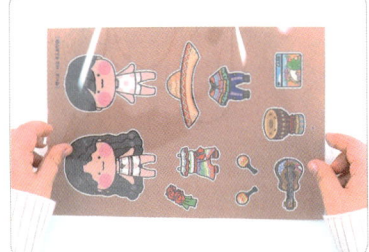 

④ 같은 방법으로 모든 도안을 양면 코팅하면 완성돼요.

tip. 손코팅지를 붙일 때는 앞면과 뒷면에 붙이는 코팅지가 도안의 사방에서 서로 맞닿도록 붙이면 어긋나는 부분 없이 깔끔하게 붙일 수 있어요. 또한, 코팅지를 손으로 문지르면서 붙일 때는 공기 방울이 생기지 않도록 주의해요. 만약 공기 방울이 생겼다면, 칼로 살짝 구멍을 내서 공기를 빼고 해당 부분을 손톱으로 꾹꾹 눌러 우는 곳이 최대한 안 보이도록 해주세요. 무리하게 코팅지를 떼려고 하면 도안이 망가질 수 있으니 처음부터 조심해서 붙여요.

2. 코팅 기계(+ 코팅지)

책에서는 사용하지 않았지만, 있으면 아주 편리한 도구예요. 도안을 코팅지 사이에 끼우고 예열된 기계에 넣어 통과시키면, 코팅 기계가 코팅지에 열을 가해 앞뒤로 붙여주어 쉽고 깔끔하게 코팅할 수 있어요.

+ 장점 : 양면을 한 번에 붙여서 깔끔하고 빠르게 코팅할 수 있으며 훨씬 튼튼해요.
− 단점 : 코팅 기계가 없다면 따로 구매해야 하므로 금전적인 부담이 생길 수 있어요.

궁금한 건 못 참아! 시워니 Q&A

Q. 코팅은 꼭 해야 하나요?
A. 도안이 종이로 되어있어서 코팅하지 않으면 금방 구겨지고 찢어져서 오래 가지고 놀 수가 없어요. 과정이 조금 번거롭지만, 코팅을 해야 물이 묻어도 크게 변색이 없고 튼튼하게 오랫동안 가지고 놀 수 있어요.

Q. 모든 도안을 앞면만 코팅하면 안 되나요? 너무 번거로워요.
A. 뒷면까지 꼼꼼하게 코팅해야 떼었다 붙였다 하면서 놀 수 있어요. 뒷면 코팅을 하지 않으면 도안이 찢어지거나, 도안에 붙인 양면테이프가 쉽게 떨어져요.

Q. 코팅하니까 도안이 너무 납작해져서 손으로 잡기가 어려워요.
A. 도안이 너무 납작하다면 놀이를 시작하기 전에 떼었다 붙였다 할 소품 도안을 약간씩 구부려서 손으로 잡을 공간을 만들어주세요. 이렇게 하면 떼기 훨씬 수월할 거예요. 이때 주의할 점은 '접는' 게 아니라 '구부리는' 거예요. 손으로 잡기 편할 정도로만 구부려주세요.

도안 떼었다 붙였다 하기

양면테이프

띠부띠부 세계여행을 더욱 재미있게 가지고 놀 수 있도록 만들어주는 재료예요. 소품 도안 뒷면에 양면테이프를 붙이면 소품을 떼었다 붙였다 하면서 재미있게 놀 수 있어요. 띠부띠부 도안의 뒷면에는 회색 상자(　　)가 있는데요. 그 위치에 맞게 양면테이프를 붙이면 돼요. 양면테이프는 종류가 아주 다양한데, 그중에 제가 가장 많이 사용하는 풀테이프로 예를 들어볼게요.

1. 풀테이프

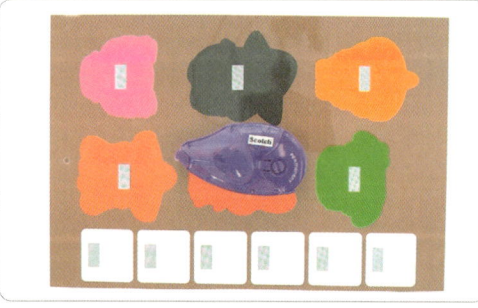 

풀테이프는 수정테이프를 사용하듯이 한 손으로 눌러서 밀면 원하는 만큼 테이프를 붙일 수 있어서 아주 편리해요. 다른 양면 테이프보다 접착력이 약한 편이지만 오히려 그런 면이 떼었다 붙였다 하며 놀기에 아주 적합해요.

2. 종이 양면테이프, 투명 양면테이프

풀테이프 이외에 주변에서 흔하게 접할 수 있는 종이 양면테이프나 투명 양면테이프를 사용해도 좋아요. 풀테이프와 마찬가지로 회색 상자의 크기에 맞게 붙이면 돼요. 단, 종이 양면테이프의 경우 접착력이 매우 강하기 때문에 손등에 떼었다 붙였다를 반복해서 접착력을 살짝 떨어뜨린 다음에 놀이를 시작해요.

궁금한 건 못 참아! 시워니 Q&A

Q. 소품에 붙인 양면테이프가 자꾸 떨어져요. 어떻게 하죠?
A. 배경에서 소품 도안을 뗐는데 도안에 붙어있어야 하는 양면테이프가 배경에 붙어있거나, 혹은 코팅지까지 함께 벗겨지는 경우들이 종종 있는데요. 그 이유는 접착력이 강한 종이 양면테이프를 사용했거나, 소품에 붙인 양면테이프의 크기가 너무 크기 때문이에요. 그럴 때는 손등이나 책상에 양면테이프를 떼었다 붙였다 하면서 접착력을 떨어뜨리거나, 회색 상자의 크기에 맞게 양면테이프를 작게 붙인 다음에 놀이하면 괜찮을 거예요.

Q. 양면테이프를 안 붙이고 놀아도 되나요?
A. 소품 도안의 크기가 작으므로 양면테이프를 붙이지 않으면 분실 우려가 있어요. 또한, 떼었다 붙였다를 해야만 제대로 놀 수 있도록 만들었으니 번거롭더라도 꼭 양면테이프를 붙여주세요.

Q. 종이놀이를 너무 많이 해서 잘 붙지 않을 때는 어떻게 하죠?
A. 떼었다 붙였다를 많이 하면 양면테이프의 접착력이 떨어져서 잘 안 붙을 수 있는데요. 그때는 접착력이 떨어진 양면테이프 위에 새로운 양면테이프를 다시 덧대어서 붙이면 돼요.

도안 오리기

가위, 칼, 커팅매트

도안을 오릴 때 사용하는 도구들이에요. 가위나 칼 중 편한 도구를 사용하면 돼요. 저는 대부분의 도안은 가위로 오리고, 칼집을 내거나 가운데를 뚫어야 하는 소품의 경우에는 칼로 오렸어요. 칼을 사용할 때는 바닥에 커팅매트를 깔아두세요. 커팅매트를 깔아두면 도안이 움직이지 않아 훨씬 수월하게 오릴 수 있고, 책상에 흠집도 나지 않아요. 가위와 칼을 사용할 때는 손을 다치지 않게 조심하세요.

 쉽게 따라 해요. 소워니 skill

• 선 따라 테두리 오리기

도안의 테두리에는 하얀색 선과 검은색 선이 있는데, 원하는 색의 선을 따라 오리세요. 검은색 선을 따라서 오리면 테두리를 깔끔하게 표현할 수 있지만 자칫하면 그림 도안을 자르는 실수를 할 수 있어요. 하얀색 선은 검은색 선보다 바깥쪽에 위치해 여백이 있기 때문에 가위로 오리다가 실수를 해도 도안에는 영향이 없어요.

• 칼선 넣기

도안에 입체감을 주기 위해 칼집을 넣어야 하는 소품이 있어요. 이럴 때는 커팅매트 위에 도안을 올리고 도안의 뒷면에 표시된 칼선에 맞춰 칼을 대고 오리면 돼요. 만약 더 깔끔하게 오리고 싶다면 도안의 앞면을 따라 오려도 좋아요.

• 가운데 오리기

주변은 그대로 두고 가운데만 오려내야 하는 도안에는 가운데에 '가위(✂)' 표시가 있어요. 커팅매트 위에 도안을 두고 가위 표시가 있는 도안의 테두리를 따라 힘주어 오려내면 돼요. 칼을 사용할 때는 위험할 수 있으니 꼭 엄마가 함께 도와주세요.

tip. 칼을 사용하는 것이 어렵다면 가위로도 충분히 가운데를 오릴 수 있어요. 도안을 살짝 접어 가위 표시에 구멍을 만들고 그 구멍 안쪽으로 가위를 넣어 테두리를 따라 오리면 된답니다.

 ## 도안 조립하기

얇은 투명테이프(+ 물레방아 커터기)

도안을 조립할 때 사용하는 도구예요. 배경 도안을 서로 연결해 도안책을 만들거나, 배경 도안에 계산대나 테이블 등의 소품을 고정하거나, 수레나 타코 포장지와 같이 소품 도안끼리 겹쳐 입체감 있는 도안을 만들 때 사용해요. 투명테이프를 사용할 때는 물레방아 커터기와 함께 사용하면 훨씬 편해요. 만약 물레방아 커터기가 없다면 테이프를 가위로 잘라 사용해도 되고, 일반 스카치테이프를 사용해도 좋아요.

쉽게 따라 해요. 소워니 skill

• 도안책 만들기

 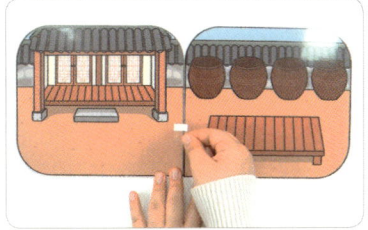 

코팅하고 오린 배경 도안의 위치를 잡아요. 완성했을 때의 모습을 생각하면서 도안의 위치를 잡고 도안과 도안 사이를 투명테이프로 붙여 고정해요. 이때 도안 사이에 약간의 간격을 두고 나란히 정렬한 뒤 테이프를 붙여 연결해야 도안을 접었을 때 깔끔하게 잘 접혀요. 배경 도안을 다 연결한 다음에는 책 모양으로 접어 왼쪽의 책등에 투명테이프를 한 번 더 붙이면 튼튼한 도안책이 완성돼요.

• 배경 도안에 소품 고정하기① [계산대, 테이블]

배경 도안의 투명 그림에 맞는 소품 도안을 찾아 아랫부분을 투명테이프로 붙여 고정해요. 비슷한 그림이 많아 헷갈릴 때는 소품 도안의 뒷면을 확인해 보세요. 소품 도안 뒷면에는 알파벳이 적혀있는데, 배경 도안의 투명 그림을 확인하고 같은 알파벳끼리 붙이면 돼요. 이때 도안의 아랫부분에만 투명테이프를 붙여 고정해야 붙이지 않은 부분에 캐릭터를 넣어 재미있게 놀 수 있어요.

• 배경 도안에 소품 고정하기② [문, 메뉴판]

도안의 양옆 중 한쪽 면만 고정하면 좌우로 움직일 수 있어요. 문이나 메뉴판 도안을 붙일 때 자주 사용하는 방법인데, 도안의 오른쪽 면에만 투명테이프를 붙이면 문을 여닫을 수 있고, 메뉴판을 좌우로 넘길 수 있어요.

• 입체 소품 만들기① [포장지, 고무대야]

 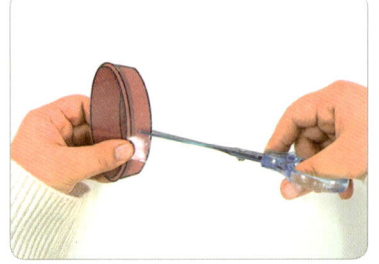 

도안 두 개를 겹쳐 가장 위쪽을 제외한 세 면의 테두리에 투명테이프를 붙이면 입체감 있는 소품을 만들 수 있어요. 주로 안쪽 공간에 물건을 넣어야 하는 봉투나 바구니 등을 만들 때 사용하는 방법이에요. 만약 고무대야처럼 붙여야 하는 부분이 곡선으로 되어있다면, 도안에 투명테이프를 반만 붙인 다음 남은 투명테이프에 가위집을 낸 뒤 하나씩 뒤로 접어가며 붙이면 돼요.

• 입체 소품 만들기② [집게]

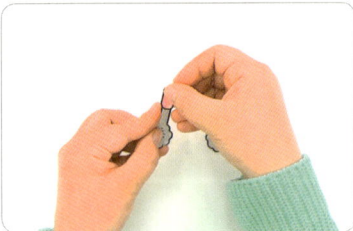 

도안 두 개를 서로 뒷면이 겹치게 포개서 가장 위쪽에만 투명테이프를 붙이면 집게를 만들 수 있어요. 이때 도안의 위쪽을 붙이고 집게를 벌려 안쪽에도 한 번 더 붙이면 훨씬 튼튼해요.

🐼 도안에 글씨 쓰기

네임펜

띠부띠부 세계여행을 떠나다 보면 다양한 종류의 가게를 만날 수 있어요. 그때 가게의 이름을 적을 때 사용해요. 도안을 코팅한 다음에 이름을 적으므로 이왕이면 쉽게 지워지지 않는 네임펜이나 매직, 마커 등의 유성펜을 사용하는 게 좋아요. 가게 이름을 바꾸고 싶다면 아세톤을 사용해 지울 수 있어요.

도안 만들기 기호

🐼 도안 조립 기호

도안을 오리고 조립할 때 사용하는 기호를 소개해요. 일반적으로 알고 있는 기호들이 많지만 그래도 한번 확인해두면 도안을 완성할 때 우왕좌왕하지 않고 깔끔하게 만들 수 있어요.

기호	이름	사용법
————	실선	가위로 오려요. 테두리의 검은색 실선을 따라 깔끔하게 오리세요. 가위질이 서툴다면 하얀색 실선을 따라 오려도 좋아요.
✂	가위	가위 표시가 있는 부분을 오려서 구멍을 뚫어요. 크기가 크다면 가위로 오리고, 크기가 작다면 칼로 오리는 게 좋아요. ※ 칼을 사용할 때는 꼭 엄마가 도와주세요.
✂——	칼선	가위와 실선이 연결된 모양이에요. 가위에 연결되어 있는 실선을 칼로 잘라 칼집을 내주세요. 입체감 있는 도안을 만들 수 있어요.
▭	회색 상자	양면테이프를 붙이는 부분이에요. 떼었다 붙였다 하는 띠부띠부 도안 뒷면에 양면테이프를 붙여 놓아요.
A A+	붙임 기호	**A** 와 **A+** 를 서로 마주 보게 붙여요. 알파벳은 A부터 D까지 있으며 같은 알파벳끼리 붙이면 돼요. 보통 A는 배경 도안에 있고, A+는 소품 도안에 있으니 위치를 확인하고 아랫부분에만 투명테이프를 붙여 고정해요.
🧍🧍🧍 🟩	투명 그림	그림에 해당하는 소품 도안을 붙여요. 도안책의 앞쪽에 있는 투명 그림에는 캐릭터와 간단한 소품을 붙여 정리하고, 배경 도안에 있는 투명 그림에는 해당 위치에 맞는 소품 도안을 붙여 배경을 완성해요.

소워니놀이터 친구들

🐼 소워니놀이터 친구들 프로필

소워니놀이터 친구들이에요. 친구들의 이름과 특징을 알고 있으면 놀이할 때 더욱 재미있게 놀 수 있겠죠. 서로의 이름을 불러주며 친하게 지내봐요.

소워니놀이터 소워니♥

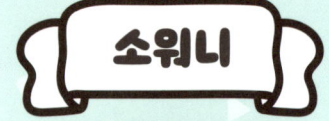

소워니의 남동생 시워니♥

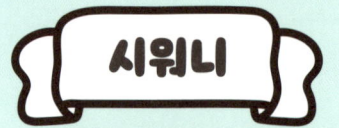

성격	친절함 / 리더십
취미	역할놀이
좋아하는 색	핑크색
좌우명	핑크는 사랑이다!

성격	세심함 / 활발함
취미	수집하기
좋아하는 색	민트색
좌우명	어떤 물건이든 쓸모가 있다!

소워니놀이터 구독자 애칭,
소워니 시워니 지킴이♥

소시지

성격	의리 / 사랑스러움
취미	소워니놀이터 유튜브 영상 보기
좋아하는 색	빨간색
좌우명	소워니, 시워니는 내가 지킨다!

통통한 볼살이 귀여운 햄스터♥

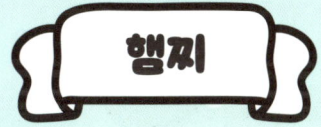
햄찌

성격	느긋함 / 예리함
취미	먹고 또 먹기
좋아하는 색	노란색
좌우명	맛있게 먹으면 0Kcal

쫑긋 하트 귀가 사랑스러운 토끼♥

토깽이

- 성격: 성실함 / 부지런함
- 취미: 당근 먹기
- 좋아하는 색: 주황색
- 좌우명: 자급자족 최고!

솜사탕을 닮은 순수한 강아지♥

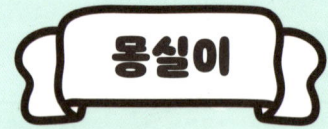

몽실이

- 성격: 용맹함 / 호기심 많음
- 취미: 사진 찍기
- 좋아하는 색: 딸기색
- 좌우명: 남는 건 사진이다!

핑크와 보라가 돋보이는 매력적인 고양이♥

냥냥이

성격	상냥함 / 긍정적
취미	요리하기
좋아하는 색	보라색
좌우명	음식을 남기지 말자!

언제나 웃고 있는 해맑은 곰♥

토토

성격	장난꾸러기 / 쾌활
취미	꿀벌 옷 입기
좋아하는 색	초코색
좌우명	인생은 달콤해!

※ **주의하세요!**
1. 도안을 자를 때는 가위와 칼을 사용해야 하므로 다치지 않게 조심하세요.
2. 아이들이 작은 종잇조각을 입에 가져가거나 삼키지 않도록 주의를 기울여 주세요.
3. 만드는 방법이 헷갈린다면 QR코드를 찍어 영상으로 확인하세요. 지면상 책에 상세하게 수록하지 못한 부분이 있으니 영상으로 확인하면 조금 더 이해하기 쉬울 거예요.

※ **이렇게 놀아요!**
1. 띠부띠부 세계여행을 통해 총 10가지의 나라에 대해 알아보는 시간을 가져요. 각 나라의 대표적인 문화를 간접적으로 체험해보면서 여러 나라들에 대한 이해도를 높여요.
2. 각 나라의 전통(대표) 의상을 입은 캐릭터 친구들과 함께 역할놀이를 해요. 역할놀이를 통해 다양한 주제로 놀이를 함으로써 새로운 경험을 할 수 있어요.
3. 종이를 오리고 붙이는 과정은 아이들의 소근육 발달에 많은 도움이 돼요. 엄마가 만들어주는 것도 좋지만, 될 수 있으면 아이와 함께 만들거나 아이가 스스로 만들 수 있도록 응원해주세요. 도안책을 아이가 직접 만들면 만족감과 성취감을 느낄 수 있어요.

PART 2

띄부띄부 세계여행
튜토리얼

도안을 활용해 띄부띄부 세계여행 도안책을 만들어요. 만드는 방법은 아주 간단해요. 원하는 나라를 선택해 도안을 준비하고 - 코팅지로 코팅하고 - 양면테이프를 붙이고 - 가위로 자르고 - 튜토리얼을 확인하며 조립하면 돼요. 만약 튜토리얼의 설명이 어렵다면 QR코드를 찍어 영상을 보며 만들어도 좋아요.

한국 : 맛있는 김장 놀이

한국을 대표하는 음식이라고 하면 단연 김치를 빼놓을 수 없죠. 배추김치, 무김치, 파김치, 깍두기 등 그 종류도 어마어마한데요. 우리 다 같이 모여서 김장을 해보는 건 어때요? 직접 키운 배추와 무를 뽑아서 맛있는 김치를 만들어요.

 # HOW TO MAKE

도안 93~108p

1.

[맛있는 김장 놀이] 도안을 코팅하고 양면테이프를 붙인 다음 가위로 오려서 준비해요.

TIP. 밭 도안의 뒷면에는 칼선이 있어요. 칼선을 따라 조심해서 칼집을 내주세요.

TIP. 리어카 도안의 손잡이 부분에는 가위 표시가 있어요. 테두리를 따라 가운데를 오려주세요.

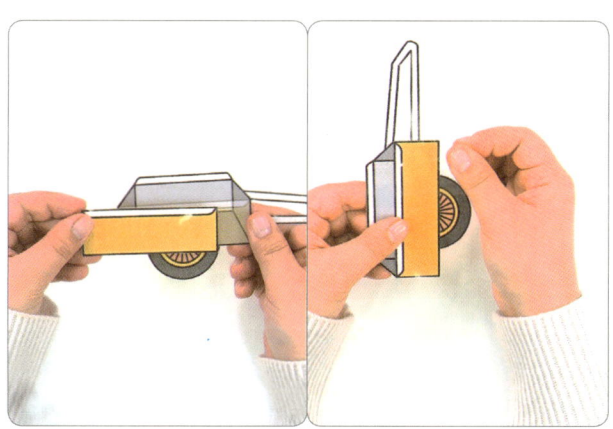

2.

리어카를 만들어요. 리어카 도안을 본체의 투명 그림에 맞춰 겹치고 양옆과 아랫면을 투명테이프로 붙여요.

TIP. 리어카 안쪽에 채소를 실어야 하니 맨 윗부분은 붙이지 않아요.

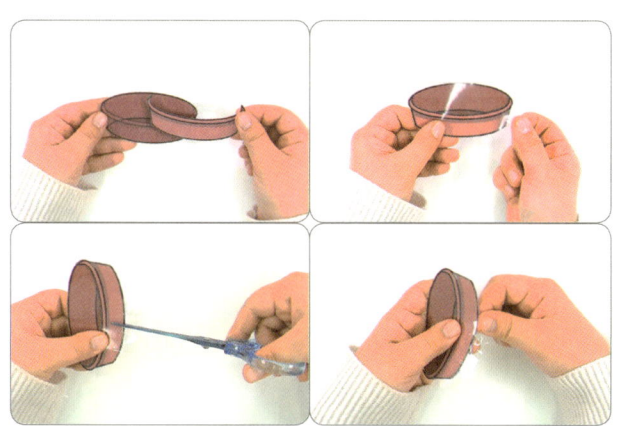

3.

고무대야를 만들어요. 고무대야 도안을 본체의 투명 그림에 맞춰 겹치고 양옆과 아랫면을 붙여요. 아랫면을 붙일 때는 투명테이프를 도안에 반만 붙인 다음, 가위집을 넣고 곡선에 맞게 하나씩 뒤로 접어가며 붙여요.

TIP. 고무대야 안쪽에 채소를 넣어야 하니 맨 윗부분은 붙이지 않아요.

4.

[맛있는 김장 놀이] 도안책을 만들어요. ①번 도안의 뒷면과 ②번 도안의 앞면을 양옆으로 나란히 정렬한 다음, 약간의 간격을 두고 투명테이프를 붙여 연결해요.

TIP. 도안을 책처럼 넘기는 모습을 생각하며 붙여요. 이때 두 개의 도안 사이에 약간의 간격이 있어야 자연스럽게 접혀요.

5.

같은 방법으로 ③, ④번 도안도 연결해요. 책장이 넘어가는 순서를 생각하며 연결하는 게 중요해요.

6.

도안책을 완전히 접은 다음 정렬하고, 왼쪽 책등에 투명테이프를 붙여 튼튼하게 만들어요.

7.

텃밭과 마당을 만들어요. 밭 도안을 배경 도안의 투명 그림에 맞추고 윗면과 아랫면에 투명테이프를 붙여요.

8.
장독대 도안을 배경 도안의 투명 그림에 맞추고 양옆과 아랫면에 투명테이프를 붙여요.

TIP. 장독대 안쪽에 김치를 넣어야 하니 맨 윗부분은 붙이지 않아요.

9.
캐릭터와 소품을 정리해요. 도안책의 투명 그림에 맞춰 캐릭터와 의상, 소품을 붙여요.

10.
텃밭과 마당에도 소품을 정리해요. 사진을 참고해 배경에 어울리게 붙여요.

11.
이제 놀아볼까요? 텃밭에서 키운 채소를 수확하고, 김장 재료들을 넣어 한국의 대표 음식인 김치를 만들어요. 맛있게 만든 김치는 잘 익도록 장독대에 보관하며 재미있게 놀아요. 맛있는 김치를 만들 수 있는 한국 여행으로 즐거운 시간 보내세요.

 # 일본 : 따끈따끈 온천

일본은 활발한 화산 활동으로 온천 문화가 많이 발달한 나라예요. 따뜻한 온천에 들어가 있으면 온몸이 나른해지는 게 피로가 확 풀리는데요. 특히 일본의 북쪽에 있는 삿포로나 홋카이도의 경우에는 차가운 눈과 따뜻한 온천을 한 번에 즐길 수 있어서 더욱 좋아요.

# HOW TO MAKE

도안 109~124p

1.

[따끈따끈 온천] 도안을 코팅하고 양면테이프를 붙인 다음 가위로 오려서 준비해요.

TIP. 자쿠지(나무 욕조)와 온천 도안의 뒷면에는 칼선이 있어요. 칼선을 따라 조심해서 칼집을 내주세요.

2.

네임펜이나 매직으로 배경 도안과 계산대에 온천 이름을 적어요.

3.

[따끈따끈 온천] 도안책을 만들어요. ①번 도안의 뒷면과 ②번 도안의 앞면을 양옆으로 나란히 정렬한 다음, 약간의 간격을 두고 투명테이프를 붙여 연결해요.

TIP. 도안을 책처럼 넘기는 모습을 생각하며 붙여요. 이때 두 개의 도안 사이에 약간의 간격이 있어야 자연스럽게 접혀요.

4.

같은 방법으로 ③, ④, ⑤번 도안도 연결해요. 책장이 넘어가는 순서를 생각하며 연결하는 게 중요해요.

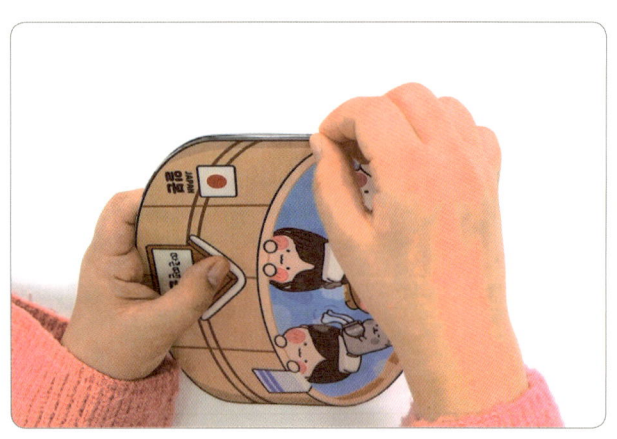

5.

도안책을 완전히 접은 다음 정렬하고, 왼쪽 책등에 투명테이프를 붙여 튼튼하게 만들어요.

6.

온천 내부를 만들어요. 계산대 도안을 배경 도안의 투명그림 A 위치에 맞추고 아랫면에 투명테이프를 붙여요.

7.

배경 도안의 보관함 위에 문을 달아요. A01번 문 도안을 위치에 맞추고 도안의 오른쪽 면을 투명테이프로 붙여요. 같은 방법으로 A02번 문도 달아요.

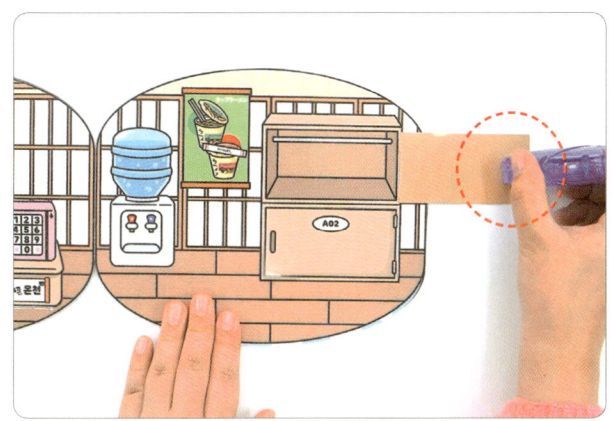

8.

문을 여닫을 수 있도록 도안 안쪽의 회색 상자에 양면테이프를 붙여요.

9.

자쿠지(나무 욕조) 도안을 배경 도안의 투명 그림 B 위치에 맞추고 테두리에 투명테이프를 붙여요.

10.

온천 도안을 배경 도안의 투명 그림 C 위치에 맞추고 테두리에 투명테이프를 붙여요.

11.

캐릭터와 소품을 정리해요. 도안책의 투명 그림에 맞춰 캐릭터와 의상, 소품을 붙여요.

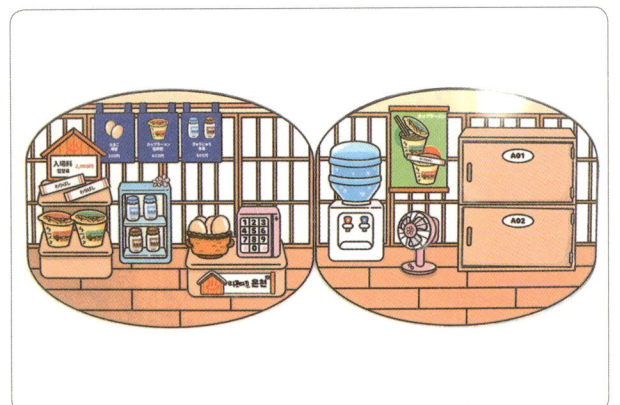

12.
매점과 탈의실에 소품을 정리해요. 사진을 참고해 배경에 어울리게 붙여요.

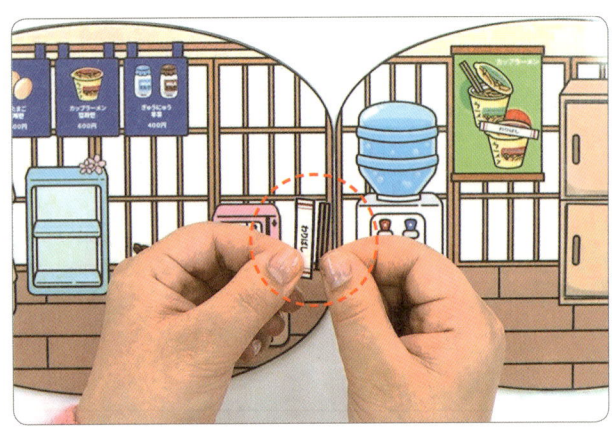

13.
나무젓가락 도안은 포장지 도안 뒷면에 붙여서 정리해요.

14.
샤워실과 야외 온천에도 소품을 정리해요. 사진을 참고해 배경에 어울리게 붙여요.

15.
이제 놀아볼까요? 매점에서 컵라면이나 달걀 등을 사 먹으며 든든하게 배를 채워요.

16.

샤워실에서 깨끗이 씻어요. 온천에 들어가기 전에 먼저 샤워를 하는 것이 일본 온천 문화의 예의예요.

17.

야외 온천으로 나가 온천욕을 즐겨요. 따뜻한 온천이 있는 일본 여행으로 즐거운 시간 보내세요.

중국 : 골라골라 마라탕

요즘 친구들 사이에서 가장 인기 있는 음식은 바로 마라탕이에요. 마라탕은 중국 쓰촨성 지역에서 시작된 음식으로 매콤하면서도 얼얼한 맛이 아주 매력적인데요. 여기에 취향에 따라 다양한 재료를 넣어 먹을 수 있다는 점도 장점이에요.
오늘 저녁은 마라탕 한 그릇 어때요?

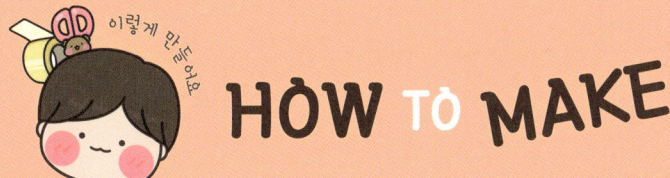 # HOW TO MAKE

도안 125~144p

1.

[골라골라 마라탕] 도안을 코팅하고 양면테이프를 붙인 다음 가위로 오려서 준비해요.

TIP. 냄비와 큰 그릇 도안의 뒷면에는 칼선이 있어요. 칼선을 따라 조심해서 칼집을 내주세요.

2.

네임펜이나 매직으로 배경 도안에 마라탕 가게 이름을 적어요.

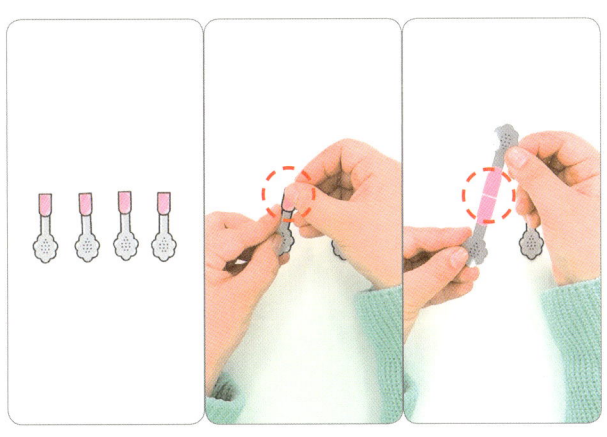

3.

집게를 만들어요. 집게 도안을 뒷면끼리 맞대고 윗면의 손잡이 부분에 투명테이프를 붙여 연결해요. 같은 방법으로 하나 더 만들어요.

4.

[골라골라 마라탕] 도안책을 만들어요. ①번 도안의 뒷면과 ②번 도안의 앞면을 양옆으로 나란히 정렬한 다음, 약간의 간격을 두고 투명테이프를 붙여 연결해요.

TIP. 도안을 책처럼 넘기는 모습을 생각하며 붙여요. 이때 두 개의 도안 사이에 약간의 간격이 있어야 자연스럽게 접혀요.

5.

같은 방법으로 ③, ④, ⑤번 도안도 연결해요. 책장이 넘어가는 순서를 생각하며 연결하는 게 중요해요.

6.

도안책을 완전히 접은 다음 정렬하고, 왼쪽 책등에 투명테이프를 붙여 튼튼하게 만들어요.

7.

마라탕 가게 내부를 만들어요. 배경 도안의 국물 보관함에 문을 달아요. 문 도안을 위치에 맞추고 도안의 윗면을 붙인 다음 열어서 안쪽에도 투명테이프를 붙여 튼튼하게 고정해요.

8.
문을 여닫을 수 있도록 문 도안 안쪽의 회색 상자에 양면테이프를 붙여요.

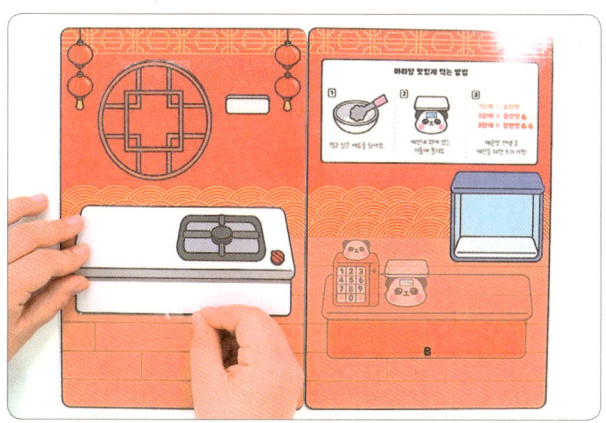

9.
조리대 도안을 배경 도안의 투명 그림 A 위치에 맞추고 아랫면에 투명테이프를 붙여요.

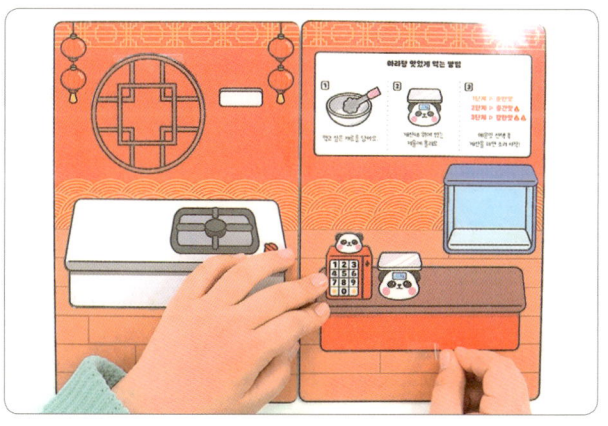

10.
계산대 도안을 배경 도안의 투명 그림 B 위치에 맞추고 아랫면에 투명테이프를 붙여요.

11.
테이블 도안을 배경 도안의 투명 그림 C 위치에 맞추고 아랫면에 투명테이프를 붙여요.

12.
캐릭터와 소품을 정리해요. 도안책의 투명 그림에 맞춰 캐릭터와 의상, 소품을 붙여요.

13.
마라탕 가게 내부에도 소품을 정리해요. 국물 보관함의 문을 열어 투명 그림에 맞게 국물을 붙이고, 다른 소품들도 사진을 참고해 배경에 어울리게 붙여요.

14.
재료 칸에는 이름에 맞게 재료를 담고, 셀프바도 꾸며요.

15.
이제 놀아볼까요? 좋아하는 재료를 큰 그릇에 마음껏 담고 소워니에게 가져가 계산해요. 이때 국물 맵기도 선택해요.

16.

마라탕을 만들어요. 냄비에 맵기에 맞는 국물을 넣고 가져온 재료를 넣어 보글보글 맛있게 끓여요.

17.

시워니가 만든 마라탕을 친구들과 함께 맛있게 먹어요. 맛있는 마라탕을 만들 수 있는 중국 여행으로 즐거운 시간 보내세요.

프랑스 : 해피 베이커리

미식의 나라인 프랑스는 디저트의 본고장이라고 해도 과언이 아닐 정도로 다양한 종류의 디저트가 가득해요. 프랑스에 왔다면 달콤한 디저트를 안 먹고 갈 수는 없겠죠? 바게트부터 크루아상, 슈크림 빵까지. 다 팔리기 전에 얼른 가봐요!

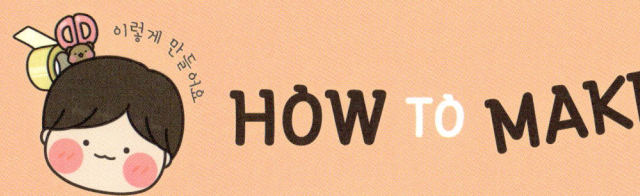 

도안 145~160p

1.

[해피 베이커리] 도안을 코팅하고 양면테이프를 붙인 다음 가위로 오려서 준비해요.

2.

네임펜이나 매직으로 배경 도안과 계산대에 베이커리 가게 이름을 적어요.

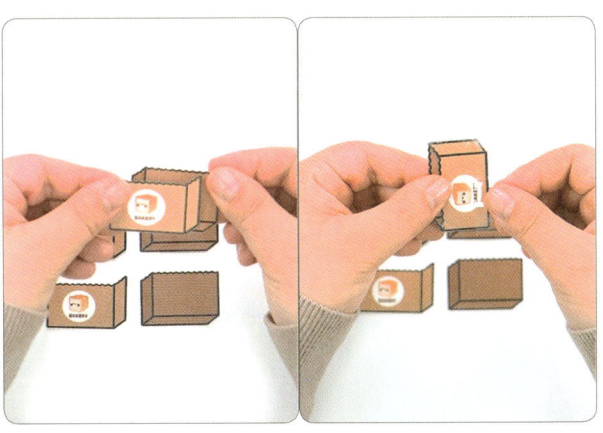

3.

빵 봉투를 만들어요. 봉투 도안을 겹치고 양옆과 아랫면에 투명테이프를 붙여요. 같은 방법으로 나머지 봉투도 모두 만들어요.

TIP. 빵 봉투 안쪽에 빵을 넣어야 하니 맨 윗부분은 붙이지 않아요.

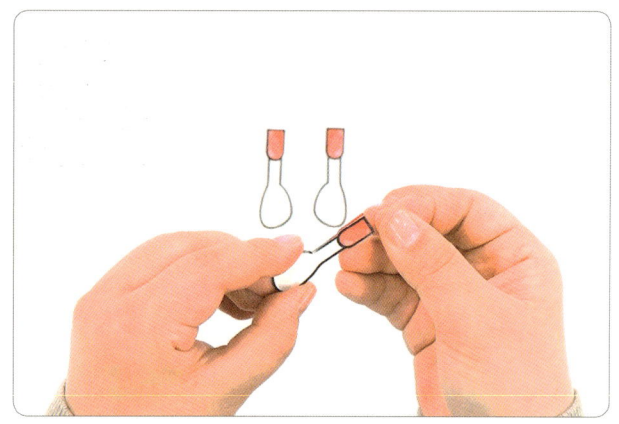

4.
집게를 만들어요. 집게 도안을 뒷면끼리 맞대고 윗면의 손잡이 부분에 투명테이프를 붙여 연결해요. 같은 방법으로 하나 더 만들어요.

5.
[해피 베이커리] 도안책을 만들어요. ①번 도안의 뒷면과 ②번 도안의 앞면을 양옆으로 나란히 정렬한 다음, 약간의 간격을 두고 투명테이프를 붙여 연결해요.

TIP. 도안을 책처럼 넘기는 모습을 생각하며 붙여요. 이때 두 개의 도안 사이에 약간의 간격이 있어야 자연스럽게 접혀요.

6.
같은 방법으로 ③, ④번 도안도 연결해요. 책장이 넘어가는 순서를 생각하며 연결하는 게 중요해요.

7.
도안책을 완전히 접은 다음 정렬하고, 왼쪽 책등에 투명테이프를 붙여 튼튼하게 만들어요.

8.
베이커리 내부를 만들어요. 계산대 도안을 배경 도안의 투명 그림 A 위치에 맞추고 아랫면에 투명테이프를 붙여요.

9.
바게트 진열대 도안을 배경 도안의 투명 그림 B 위치에 맞추고 아랫면에 투명테이프를 붙여요.

10.
식빵과 롤케이크 진열대 도안을 배경 도안의 투명 그림 C 위치에 맞추고 아랫면에 투명테이프를 붙여요.

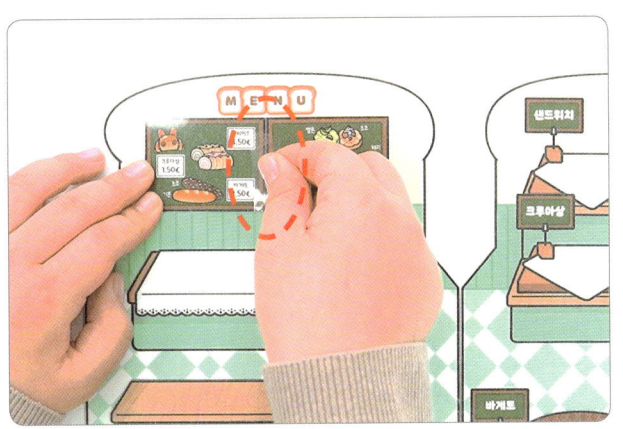

11.
배경 도안의 메뉴판 위에 새로운 메뉴판을 추가해요. 메뉴판 도안을 위치에 맞추고 왼쪽 면에 투명테이프를 붙여 책처럼 넘길 수 있도록 만들어요. 두 장 모두 붙여주세요.

12.
캐릭터와 소품을 정리해요. 도안책의 투명 그림에 맞춰 캐릭터와 의상, 소품을 붙여요.

13.
베이커리 내부에도 소품을 정리해요. 진열대에 적혀있는 이름에 맞게 빵을 진열하고, 다른 소품들도 사진을 참고해 배경에 어울리게 붙여요.

14.
이제 놀아볼까요? 해피 베이커리를 마음껏 둘러보며 쟁반에 먹고 싶은 빵을 담아요.

15.
소워니는 메뉴판에 적혀있는 가격을 확인한 뒤 금액을 계산해요.

16.
토깽이는 포장 손님이네요. 빵 봉투에 빵을 담아 전달해요.

17.
원한다면 냥냥이처럼 먹고 가도 돼요. 베이커리 한편에 놓인 테이블에서 맛있게 먹어요. 맛있는 빵 냄새가 솔솔 나는 프랑스 여행으로 즐거운 시간 보내세요.

스위스 : 행복한 동물농장

스위스하면 알프스 산맥이 가장 먼저 떠올라요. 푸르른 초원과 크고 작은 산맥이 어우러진 알프스 산맥에는 행복한 동물농장도 자리 잡고 있어요. 염소와 양, 젖소들이 자연 속에서 즐겁게 살고 있는데요. 그 배경에는 소워니와 시워니의 노력이 있었어요.
오늘은 우리가 일손을 좀 보태볼까요?

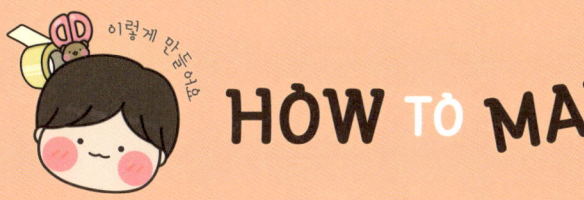 # HOW TO MAKE

도안 161~176p

1.
[행복한 동물농장] 도안을 코팅하고 양면테이프를 붙인 다음 가위로 오려서 준비해요.

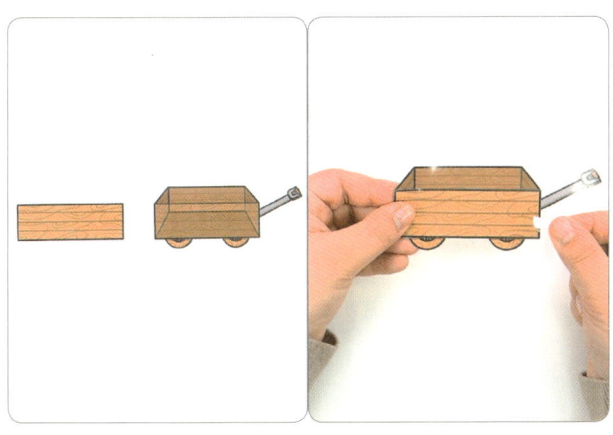

2.
수레를 만들어요. 수레 도안을 본체의 투명 그림에 맞춰 겹치고 양옆과 아랫면을 투명테이프로 붙여요.

TIP. 수레 안쪽에 다양한 소품을 실어야 하니 맨 윗부분은 붙이지 않아요.

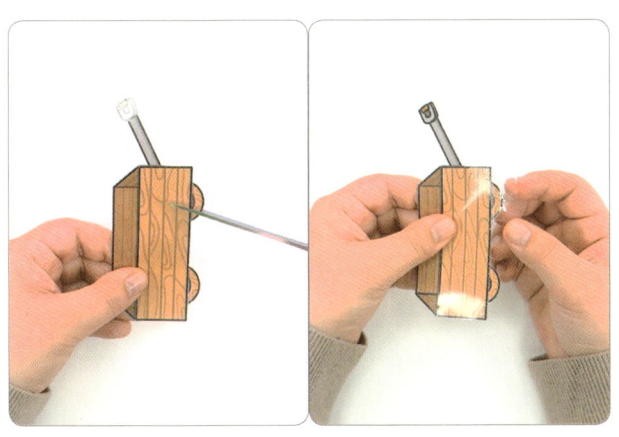

3.
수레의 바퀴에는 곡선이 있으니 투명테이프에 가위집을 내고 하나씩 뒤로 접어가며 붙여요.

4.

[행복한 동물농장] 도안책을 만들어요. ①번 도안의 뒷면과 ②번 도안의 앞면을 양옆으로 나란히 정렬한 다음, 약간의 간격을 두고 투명테이프를 붙여 연결해요.

TIP. 도안을 책처럼 넘기는 모습을 생각하며 붙여요. 이때 두 개의 도안 사이에 약간의 간격이 있어야 자연스럽게 접혀요.

5.

같은 방법으로 ③, ④번 도안도 연결해요. 책장이 넘어가는 순서를 생각하며 연결하는 게 중요해요.

6.

도안책을 완전히 접은 다음 정렬하고, 왼쪽 책등에 투명테이프를 붙여 튼튼하게 만들어요.

7.

사료 창고를 만들어요. 배경 도안의 사료 창고 위에 도안을 올려 위치를 맞추고 윗면을 투명테이프로 붙여요.

TIP. 사료 창고를 여닫아 내부에 물건을 쌓아야 하니 윗면을 전부 다 붙이지 말고 가운데 평평한 부분만 투명테이프로 붙여요.

8.

몽실이 집을 만들어요. 배경 도안의 몽실이 집 위에 도안을 올려 위치를 맞추고 윗면을 투명테이프로 붙여요.

9.

캐릭터와 소품을 정리해요. 도안책의 투명 그림에 맞춰 캐릭터와 의상, 소품을 붙여요.

10.

농장 곳곳에 소품을 정리해요. 풀밭에는 동물들이 뛰놀고 창고에는 필요한 용품이 가득하도록 사진을 참고해 배경에 어울리게 붙여요.

11.

이제 놀아볼까요? 양털을 깎고, 우유를 짜고, 먹이를 주고, 똥도 치우며 동물농장 놀이를 해요. 귀여운 동물 친구들이 있는 스위스 여행으로 즐거운 시간 보내세요.

미국 : 하와이 비치 바

미국의 50번째 주로 태평양의 낙원이라 불리는 하와이의 아름다운 바다로 여러분을 초대해요. 에메랄드빛 바다에서 서핑과 모래 놀이를 하고, 저녁에는 분위기 좋은 바에 앉아 시원한 음료를 마시며 여유를 즐겨요.

 # HOW TO MAKE

도안 177~194p

1.

[하와이 비치 바] 도안을 코팅하고 양면테이프를 붙인 다음 가위로 오려서 준비해요.

TIP. 양동이 도안의 뒷면에는 칼선이 있어요. 칼선을 따라 조심해서 칼집을 내주세요.

TIP. 의자 도안의 다리 부분에는 가위 표시가 있어요. 테두리를 따라 가운데를 오려주세요.

2.

[하와이 비치 바] 도안책을 만들어요. ①번 도안의 뒷면과 ②번 도안의 앞면을 양옆으로 나란히 정렬한 다음, 약간의 간격을 두고 투명테이프를 붙여 연결해요.

TIP. 도안을 책처럼 넘기는 모습을 생각하며 붙여요. 이때 두 개의 도안 사이에 약간의 간격이 있어야 자연스럽게 접혀요.

3.

같은 방법으로 ③, ④번 도안도 연결해요. 책장이 넘어가는 순서를 생각하며 연결하는 게 중요해요.

4.
도안책을 완전히 접은 다음 정렬하고, 왼쪽 책등에 투명 테이프를 붙여 튼튼하게 만들어요.

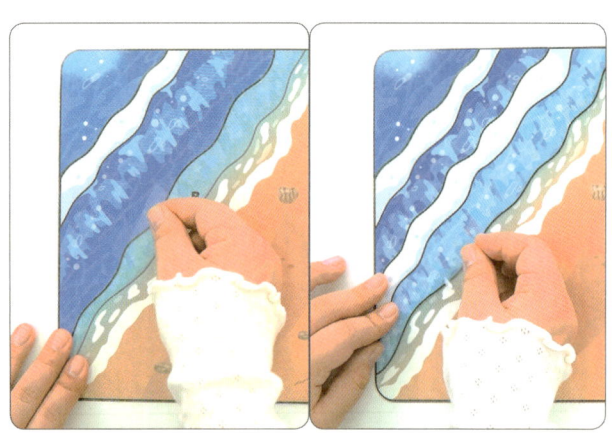

5.
파도를 만들어요. 파도 도안을 배경 도안의 투명 그림 A 위치에 맞추고 아랫면에 투명테이프를 붙여요. 같은 방법으로 B 도안도 붙여요.

6.
비치 바를 만들어요. 계산대 도안을 배경 도안의 투명 그림 C 위치에 맞추고 아랫면에 투명테이프를 붙여요.

7.
가판대 도안을 배경 도안의 투명 그림 D 위치에 맞추고 아랫면에 투명테이프를 붙여요. 그다음 양쪽 기둥에도 테이프를 붙여 떨어지지 않게 고정해요.

8.

캐릭터와 소품을 정리해요. 도안책의 투명 그림에 맞춰 캐릭터와 의상, 소품을 붙여요.

9.

해변과 비치 바에 소품을 정리해요. 사진을 참고해 배경에 어울리게 붙여요.

10.

이제 놀아볼까요? 수영, 서핑보드 타기, 모래성 쌓기, 조개 줍기, 일광욕까지 하와이 해변에서 물놀이를 즐겨요.

11.

노을이 지면 비치 바에서 맛있는 과일 주스를 마시며 가게 놀이를 해요. 시원한 해변과 멋진 석양이 있는 미국 여행으로 즐거운 시간 보내세요.

인도 : 소워니네 커리

인도 커리는 한국의 카레보다 맛과 향이 훨씬 더 진해요. 특히 마크니 커리는 크림과 버터가 많이 들어가서 풍미가 아주 깊은데요. 다양한 종류의 커리에 난을 곁들이고, 여기에 인도 전통 닭 요리인 탄두리 치킨과 새콤달콤한 요거트 음료인 라씨까지 알차게 먹어볼까요.

 # HOW TO MAKE

도안 195~208p

1.

[소워니네 커리] 도안을 코팅하고 양면테이프를 붙인 다음 가위로 오려서 준비해요.

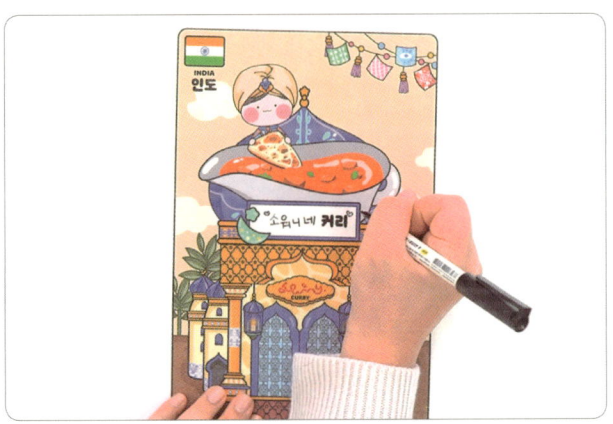

2.

네임펜이나 매직으로 배경 도안에 커리 가게 이름을 적어요.

3.

[소워니네 커리] 도안책을 만들어요. ①번 도안의 뒷면과 ②번 도안의 앞면을 양옆으로 나란히 정렬한 다음, 약간의 간격을 두고 투명테이프를 붙여 연결해요.

TIP. 도안을 책처럼 넘기는 모습을 생각하며 붙여요. 이때 두 개의 도안 사이에 약간의 간격이 있어야 자연스럽게 접혀요.

4.
같은 방법으로 ③, ④번 도안도 연결해요. 책장이 넘어가는 순서를 생각하며 연결하는 게 중요해요.

5.
도안책을 완전히 접은 다음 정렬하고, 왼쪽 책등에 투명테이프를 붙여 튼튼하게 만들어요.

6.
커리 가게 내부를 만들어요. 식탁 도안을 배경 도안의 투명 그림 A 위치에 맞추고 아랫면에 투명테이프를 붙여요.

7.
계산대 도안을 배경 도안의 투명 그림 B 위치에 맞추고 아랫면에 투명테이프를 붙여요.

8.

캐릭터와 소품을 정리해요. 도안책의 투명 그림에 맞춰 캐릭터와 의상, 소품을 붙여요.

9.

커리 가게 안에도 소품을 정리해요. 사진을 참고해 배경에 어울리게 붙여요.

10.

이제 놀아볼까요? 양탄자를 타고 온 손님이 메뉴를 주문하면, 소워니는 메뉴판을 보면서 금액을 계산해요.

11.

주문한 음식은 시워니가 열심히 만들어서 가져다주니 맛있게 먹으면 돼요. 아름다운 문양과 맛있는 커리가 있는 인도 여행으로 즐거운 시간 보내세요.

멕시코 : 타코 푸드트럭

옥수수가루로 만든 토르티야 위에 각종 고기와 채소를 넣어 쌈처럼 싸 먹는 타코는 멕시코의 대중적인 음식 중 하나예요. 만들기도 쉽고 먹기도 편해서 우리나라의 떡볶이처럼 길거리 음식으로 아주 인기가 많은데요. 마리아치의 공연을 보며 맛있는 타코를 먹어요.

※ 마리아치(Mariachi)는 챙이 넓은 모자를 쓰고 멕시코 전통 복장을 한 소규모 밴드나 연주가들이 연주하는 멕시코 전통 음악을 말해요.

 # HOW TO MAKE

도안 209~228p

1.

[타코 푸드트럭] 도안을 코팅하고 양면테이프를 붙인 다음 가위로 오려서 준비해요.

TIP. 푸드트럭 도안의 뒷면에는 칼선이 있어요. 칼선을 따라 조심해서 칼집을 내주세요.

2.

타코 포장지를 만들어요. 포장지 도안을 겹치고 양옆과 아랫면에 투명테이프를 붙여요. 같은 방법으로 나머지 포장지도 만들어요.

TIP. 포장지 안쪽에 타코를 넣어야 하니 맨 윗부분은 붙이지 않아요.

3.

[타코 푸드트럭] 도안책을 만들어요. ①번 도안의 뒷면과 ②번 도안의 앞면을 양옆으로 나란히 정렬한 다음, 약간의 간격을 두고 투명테이프를 붙여 연결해요.

TIP. 도안을 책처럼 넘기는 모습을 생각하며 붙여요. 이때 두 개의 도안 사이에 약간의 간격이 있어야 자연스럽게 접혀요.

4.
같은 방법으로 ③, ④번 도안도 연결해요. 책장이 넘어가는 순서를 생각하며 연결하는 게 중요해요.

5.
도안책을 완전히 접은 다음 정렬하고, 왼쪽 책등에 투명테이프를 붙여 튼튼하게 만들어요.

6.
푸드트럭 앞마당을 꾸며요. 테이블 도안을 배경 도안의 투명 그림 A 위치에 맞추고 아랫면에 투명테이프를 붙여요.

7.
또 다른 테이블 도안을 배경 도안의 투명 그림 B 위치에 맞추고 아랫면에 투명테이프를 붙여요.

8.

캐릭터와 소품을 정리해요. 도안책의 투명 그림에 맞춰 캐릭터와 의상, 소품을 붙여요.

9.

사진을 참고해 푸드트럭 내부에 식재료를 정리하고, 사막에는 푸드트럭과 간판을 세워요.

10.

이제 놀아볼까요? 친구들에게 주문을 받아 타코를 만들어요. 만드는 방법을 참고해 맛있는 타코를 만들고 소스를 뿌린 뒤 포장지에 담아 가게 놀이를 해요.

11.

다양한 악기를 연주하는 마리아치가 되어 공연 놀이도 해요. 멋진 공연과 맛있는 타코가 있는 멕시코 여행으로 즐거운 시간 보내세요.

벨기에 : 초코초코 메이크

벨기에는 세계에서 손꼽히는 초콜릿 왕국이에요. 우리가 알고 있는 고급 초콜릿들을 보면 대부분 벨기에 국적을 가지고 있어요. 보기에도 좋고 맛도 있는 고급 초콜릿을 직접 만들어 볼까요? 취향에 따라 달콤한 토핑을 올려 초콜릿을 만들어요.
참, 초콜릿을 먹고 난 다음에는 반드시 양치해야 한다는 거 알고 있죠?

 # HOW TO MAKE

도안 229~242p

1.

[초코초코 메이크] 도안을 코팅하고 양면테이프를 붙인 다음 가위로 오려서 준비해요.

2.

[초코초코 메이크] 도안책을 만들어요. ①번 도안의 뒷면과 ②번 도안의 앞면을 양옆으로 나란히 정렬한 다음, 약간의 간격을 두고 투명테이프를 붙여 연결해요.

TIP. 도안을 책처럼 넘기는 모습을 생각하며 붙여요. 이때 두 개의 도안 사이에 약간의 간격이 있어야 자연스럽게 접혀요.

3.

같은 방법으로 ③번 도안도 연결해요. 책장이 넘어가는 순서를 생각하며 연결하는 게 중요해요.

4.

도안책을 완전히 접은 다음 정렬하고, 왼쪽 책등에 투명테이프를 붙여 튼튼하게 만들어요.

5.

공장 내부를 만들어요. 초콜릿 크림 정리 도안을 배경 도안의 그림에 맞추고 왼쪽 면에 투명테이프를 붙여요. 책처럼 왼쪽으로 넘기는 모양이 되도록 만들 거예요.

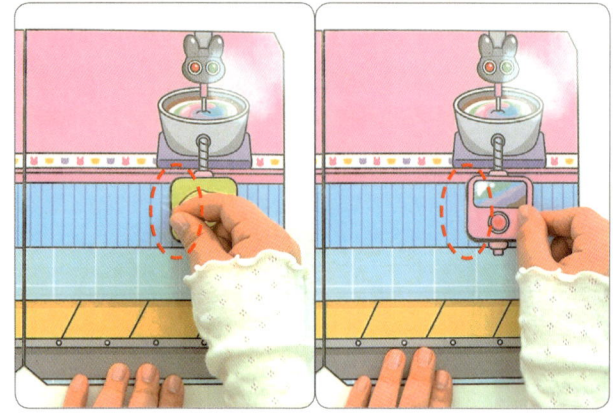

6.

나머지 초콜릿 크림 정리 도안도 붙여요. 5번 과정에서 붙인 도안 위에 올리고 왼쪽 면을 붙이면 돼요. 정리 도안의 순서는 상관없지만 맨 위에 문이 위치하도록 붙이세요.

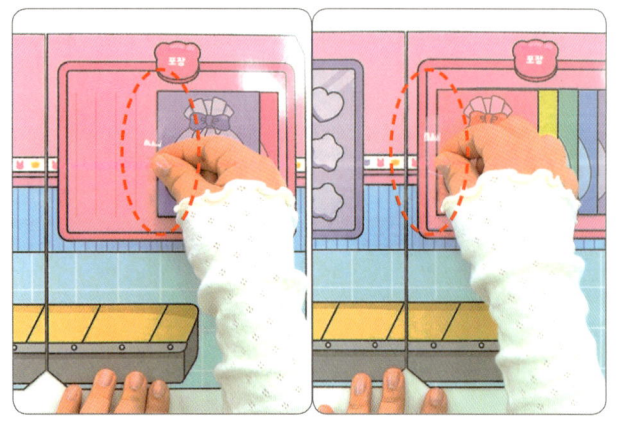

7.

초콜릿 포장 도안을 붙여요. 배경 도안의 진한 분홍색 안내선에 포장 도안의 왼쪽 면을 맞추고 투명테이프를 붙여요. 순서는 상관없으니 나머지 도안도 모두 붙여요.

8.

캐릭터와 소품을 정리해요. 초콜릿과 크림은 도안책의 투명 그림에 맞춰 붙이고, 빈곳에 캐릭터와 의상도 붙여요.

9.

토핑과 포장지도 도안책의 투명 그림에 맞춰 붙여요.

10.

이제 놀아볼까요? 귀여운 동물 얼굴 모양 초콜릿에 크림과 달콤한 토핑을 올리고 예쁘게 포장하며 놀이해요. 달콤한 초콜릿을 만드는 벨기에 여행으로 즐거운 시간 보내세요.

핀란드 : 산타 마을

핀란드의 '로바니에미'라는 마을에는 산타가 살고 있어요. 온 세상을 하얗게 뒤덮은 눈 속에 엄청난 크기의 트리도 있고요, 순록이 끄는 썰매도 탈 수 있어요. 신나게 놀다가 마지막에는 산타 할아버지와 함께 사진 찍는 것도 잊지 마세요!

HOW TO MAKE

도안 243~258p

1.

[산타 마을] 도안을 코팅하고 양면테이프를 붙인 다음 가위로 오려서 준비해요.

TIP. 카메라 도안의 액정 부분에는 가위 표시가 있어요. 테두리를 따라 가운데를 오려주세요.

2.

[산타 마을] 도안책을 만들어요. ①번 도안의 뒷면과 ②번 도안의 앞면을 양옆으로 나란히 정렬한 다음, 약간의 간격을 두고 투명테이프를 붙여 연결해요.

TIP. 도안을 책처럼 넘기는 모습을 생각하며 붙여요. 이때 두 개의 도안 사이에 약간의 간격이 있어야 자연스럽게 접혀요.

3.

같은 방법으로 ③, ④번 도안도 연결해요. 책장이 넘어가는 순서를 생각하며 연결하는 게 중요해요.

4.

도안책을 완전히 접은 다음 정렬하고, 왼쪽 책등에 투명 테이프를 붙여 튼튼하게 만들어요.

5.

캐릭터와 소품을 정리해요. 도안책의 투명 그림에 맞춰 캐릭터와 의상, 소품을 붙여요.

6.

썰매 체험과 눈사람 만들기에 소품을 정리해요. 사진을 참고해 배경에 어울리게 붙여요.

7.

트리 꾸미기와 포토존에도 소품을 정리해요.

8.
이제 놀아볼까요? 눈사람을 만들어 다양한 소품으로 예쁘게 꾸미고 빨간코 루돌프가 끄는 썰매도 타요.

9.
놀이를 하나씩 끝낼 때마다 도장을 찍어요.

10.
트리도 꾸미고 산타와 사진도 찍으며 도장을 모아 산타 마을을 재미있게 즐겨요. 멋진 산타 마을이 있는 핀란드 여행으로 즐거운 시간 보내세요.

PART 3

띠부띠부 세계여행
컬러링

띠부띠부 세계여행을 떠나기 전에 각 나라에 대해 알아보는 시간을 가져볼까요. 나라별로 위치와 수도, 언어, 화폐 등 기본 정보를 학습하고 국기와 문화를 컬러링하면서 조금 더 가까이 다가가요. 국기와 문화를 컬러링할 때는 관련 정보를 꼭 읽어보고 색칠해요. 그러면 각 나라를 조금 더 이해하기 쉬울 거예요.

동아시아 한반도에 위치한 국가로 전 세계에서 유일한 분단국가예요. 정식명칭은 대한민국(Republic of Korea)이며 코리아(Korea)라는 영문 국호는 '고려'에서 유래되었어요.

수도 : 서울
언어 : 한국어
화폐 : 원(KRW, ₩)
국기 : 한국의 국기는 태극기라고 불러요. 태극기의 하얀색 바탕은 밝음과 순수, 평화를 사랑하는 민족성을 나타내고, 태극 문양의 파란색과 빨간색은 음과 양의 조화를 나타낸 것으로 대자연의 진리를 표현한 거예요. 검은색의 건곤감리는 각각 하늘, 땅, 물, 불을 의미해요.

문화 : 김장은 늦가을이나 초겨울에 겨울 동안 먹을 김치를 한번에 담그는 것을 말해요. 김치의 기원은 정확히 알 수 없지만, 삼국시대에 소금에 절인 채소를 먹었다는 기록이 있는 것으로 보아 그 이전에 시작되었다고 할 수 있어요. 지금과 같은 빨간 김치는 조선시대 중엽 고추가 수입되면서 시작되었고, 19세기에 완성되었답니다. 김장은 김치의 주재료인 채소를 씻어서 소금에 절이는 것부터 시작해요. 그다음 각종 채소와 고춧가루, 다진 마늘, 젓갈을 섞어 양념을 만들고 절인 배추에 속속 버무리면 완성이에요. 이때 배즙을 넣으면 자연의 단맛을 느낄 수 있고, 찹쌀풀을 넣으면 발효가 더욱 잘 돼요. 완성한 김치를 항아리에 넣어 땅에 묻으면 온도가 일정하게 유지돼 오랫동안 맛있게 먹을 수 있어요. 김치와 김장 문화는 2013년에 유네스코 인류무형문화유산으로 등재된 우리의 자랑스러운 문화유산이랍니다.

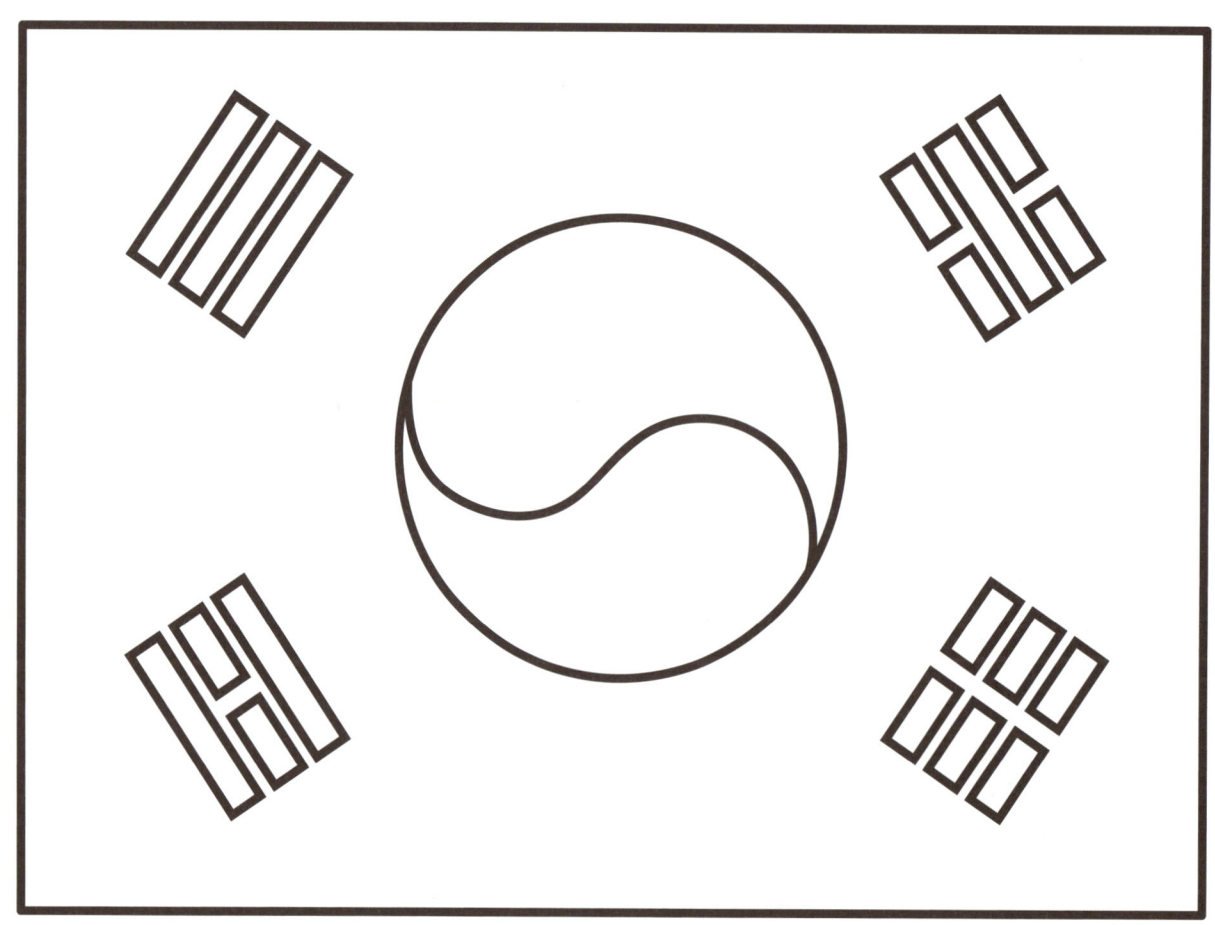

KOREA 한국

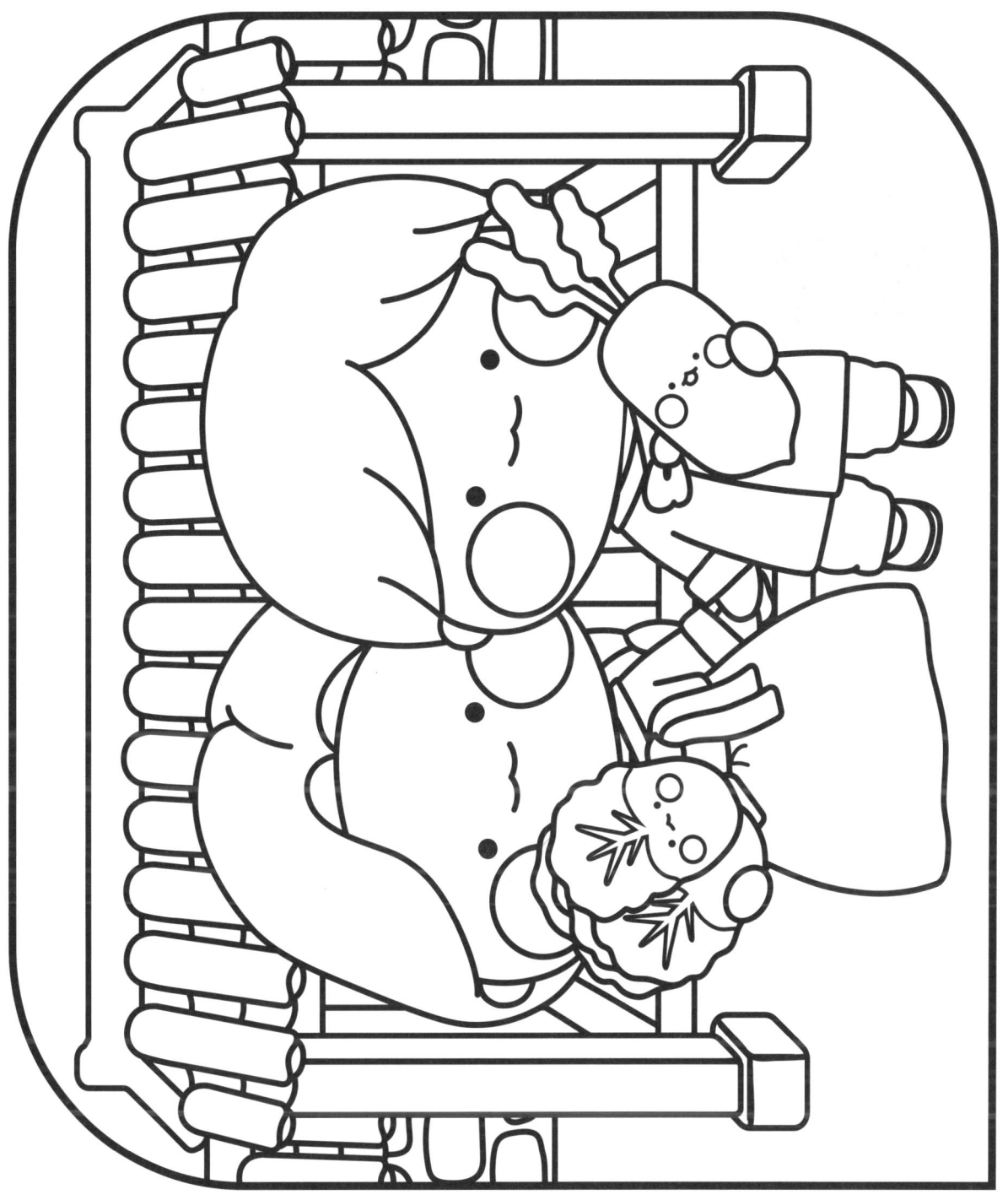

동아시아의 섬나라로 총 네 개의 섬(홋카이도, 혼슈, 시코쿠, 규슈)으로 이루어진 입헌군주국이에요. 상징적 군주인 왕과 실질적 통치자인 총리가 있어요.

JAPAN
일본

수도 : 도쿄
언어 : 일본어
화폐 : 엔(JPY, ¥ / 円)
국기 : 일본의 국기는 일장기라고 부르며 가운데의 빨간 동그라미는 태양을 상징해요.
문화 : 일본은 '불의 고리'라 불리는 환태평양 조산대에 속해 있어서 지진이 자주 발생할 뿐만 아니라 세계 화산의 10%가 위치해 있어요. 화산의 영향으로 온천이 발달했는데, 약 1,300년 전부터 온천 문화가 시작되었다고 해요. 온천을 즐길 때는 몇 가지 주의할 점이 있어요. 먼저 온천에 들어가기 전에 깨끗이 씻어야 하고요, 온천욕을 즐길 때는 큰 소리로 대화하거나 시끄럽게 웃으면 안 돼요. 자신이 사용한 의자는 깨끗이 씻어두어야 하고, 수건을 탕 내에서 사용하면 안 돼요. 몇 가지 예절만 지키면 더욱 즐겁게 온천을 즐길 수 있을 거예요.

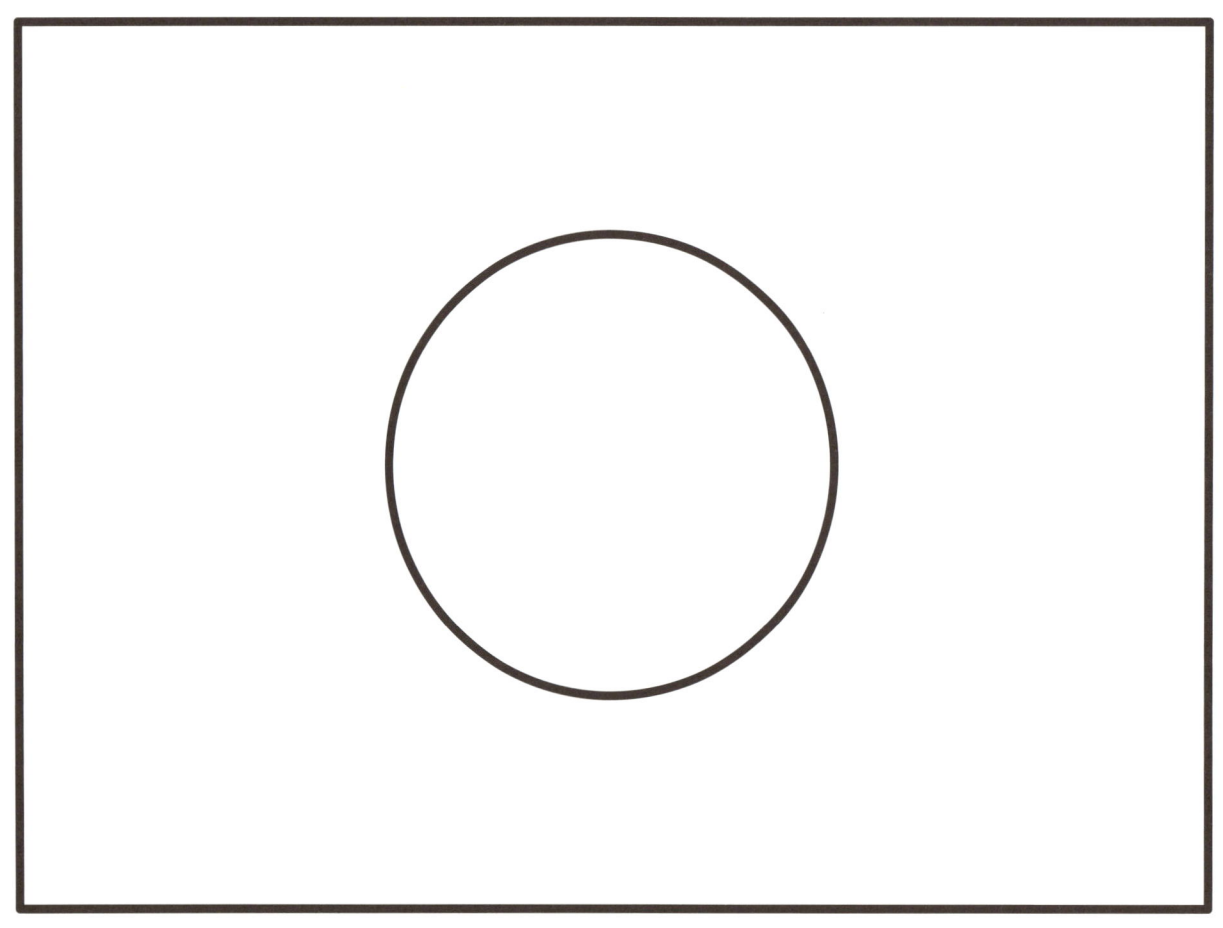

JAPAN 일본

동아시아에 위치한 공화국으로 정식명칭은 중화인민공화국이에요. 전 세계에서 두 번째로 인구가 많은 국가이며, 사회주의의 국가주석 일인 독재 체제를 유지하고 있어요.

수도 : 베이징
언어 : 중국어
화폐 : 위안(CNY, ¥ / 元)
국기 : 중국의 국기는 오성홍기라고 불러요. 국기의 빨간색은 공산주의와 혁명, 노란색은 광명을 의미해요. 국기에는 별이 그려져 있는데 큰 별은 중국공산당, 작은 별들은 각각 노동자, 농민, 소자산계급, 민족자산계급을 의미해요. 네 개의 작은 별은 큰 별을 중심으로 한곳에 모여 있는데, 이는 대단결을 상징한다고 해요.
문화 : 우리나라에서 큰 인기를 얻고 있는 마라탕은 쓰촨성의 마오차이(1인용 훠궈)에서 시작해 둥베이 지방을 거쳐 만들어진 중국 음식이에요. 다양한 향신료를 넣어 만든 기름에 고춧가루와 두반장을 풀고, 채소와 고기, 버섯, 완자, 해산물, 푸주 등의 재료를 넣고 끓여서 만들어요. 혀가 얼얼하면서도 매운맛이 특징인데, 그 매운맛이 우리의 입맛을 자극한 것 같아요. 요즘에는 마라탕을 넘어서 마라 떡볶이, 마라 치킨, 마라 라면 등 다양한 퓨전 음식도 인기를 끌고 있어요.

CHINA 중국

우리가 알고 있는 프랑스는 대서양과 지중해에 걸쳐있는 서유럽이지만, 사실 본토 이외에 세계 곳곳에 다수의 영토를 가지고 있는 공화국이에요. 시민혁명의 발상지이자 문화 예술의 나라라고 불려요.

수도 : 파리
언어 : 프랑스어
화폐 : 유로(EUR, €)
국기 : 프랑스의 국기는 삼색기라고 불러요. 파랑-하양-빨강의 세 가지 색으로 되어 있는데 각각 자유, 평등, 우애를 상징해요.
문화 : 프랑스는 미식의 나라예요. 맛집 정보가 가득한 〈미슐랭 가이드〉가 출간되는 곳이기도 하죠. 그만큼 맛있는 음식들이 많은데 그중 디저트는 종류도 다양하고 맛과 멋이 있어서 예술의 경지에 올랐다고 말할 정도예요. 프랑스의 대표적인 디저트로는 바게트가 있어요. '파리 = 바게트'가 괜히 생긴 게 아니라니까요. 이외에도 크루아상, 몽블랑, 마카롱, 크레이프 등 다양한 디저트를 맛볼 수 있어요.

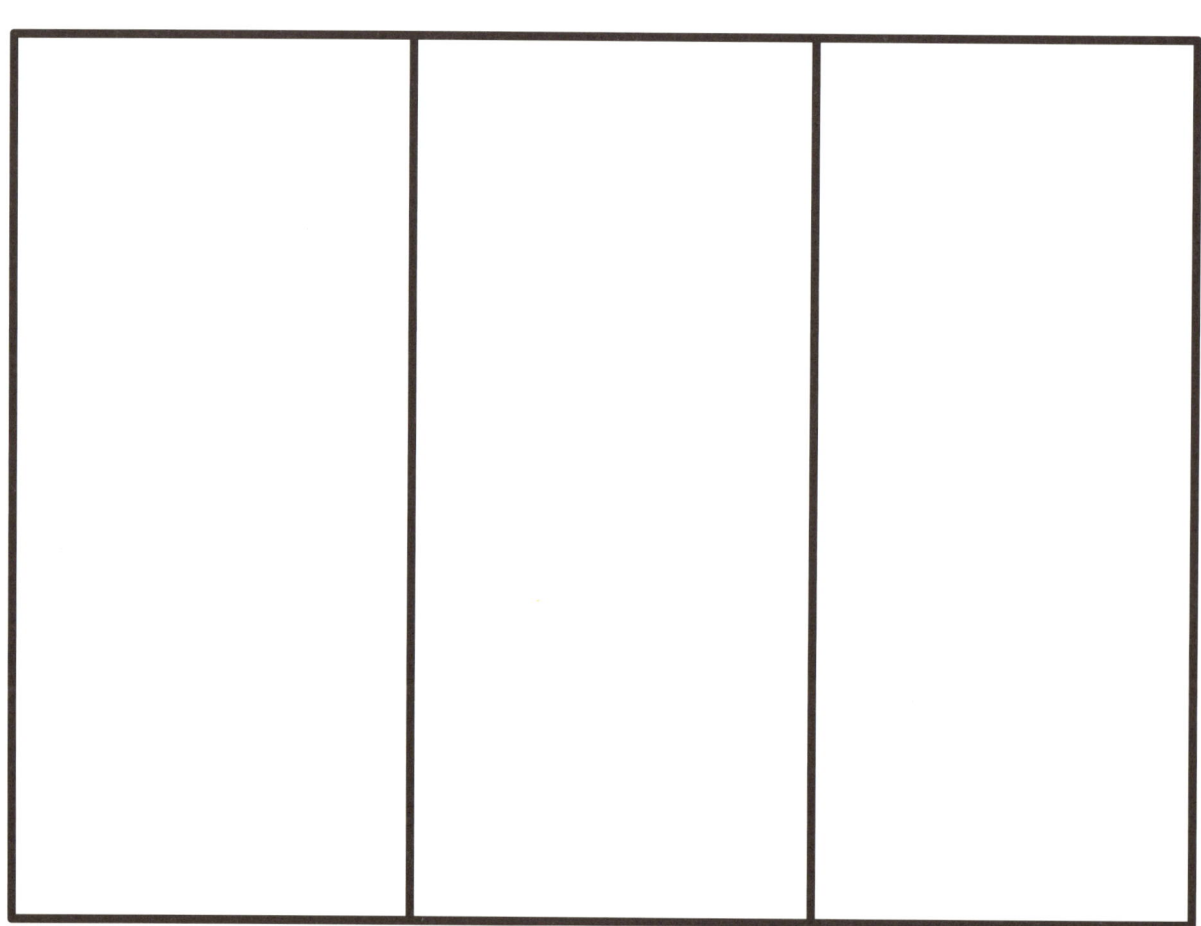

FRANCE 프랑스

중부 유럽에 위치한 연방제 공화국으로 스위스 연방 혹은 헬베티아 연방이라고 불러요. 26개의 칸톤(지역을 나눈 주)이 연방을 이루고 있어요. 헌법상 수도는 따로 없지만, 연방의회와 국제기구가 많은 베른이 사실상 수도 역할을 하고 있어요.

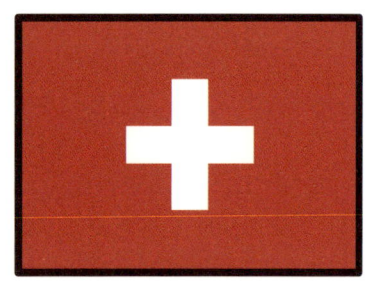

수도 : 베른
언어 : 독일어, 프랑스어, 이탈리아어, 로망슈어
화폐 : 프랑(CHF, Fr)
국기 : 빨간색 바탕에 하얀색 십자가가 그려져 있으며, 유럽에서 오래된 국기 중 하나로 손꼽히고 있어요. 국기에 대한 최초의 의미는 자유, 명예, 충성이지만 지금은 영세 중립, 민주주의, 평화, 보호 등의 의미를 지녀요. 주변에서 흔히 볼 수 있는 '적십자기'가 스위스 국기의 색을 반전한 것에서 유래했다고 해요.
문화 : 스위스는 국토 대부분이 크고 작은 산이며 가장 대표적인 산맥으로는 알프스가 있어요. 알프스에 사는 사람들은 넓은 초원에서 소와 양을 키우고, 소와 양의 젖으로 만든 우유나 치즈를 먹으며 살아왔는데요. 그래서인지 스위스는 오래전부터 낙농업을 하며 다양한 종류의 치즈를 만들고 있어요. 스위스의 대표 음식인 퐁뒤 역시 치즈를 녹여 빵을 찍어 먹는 음식이랍니다.

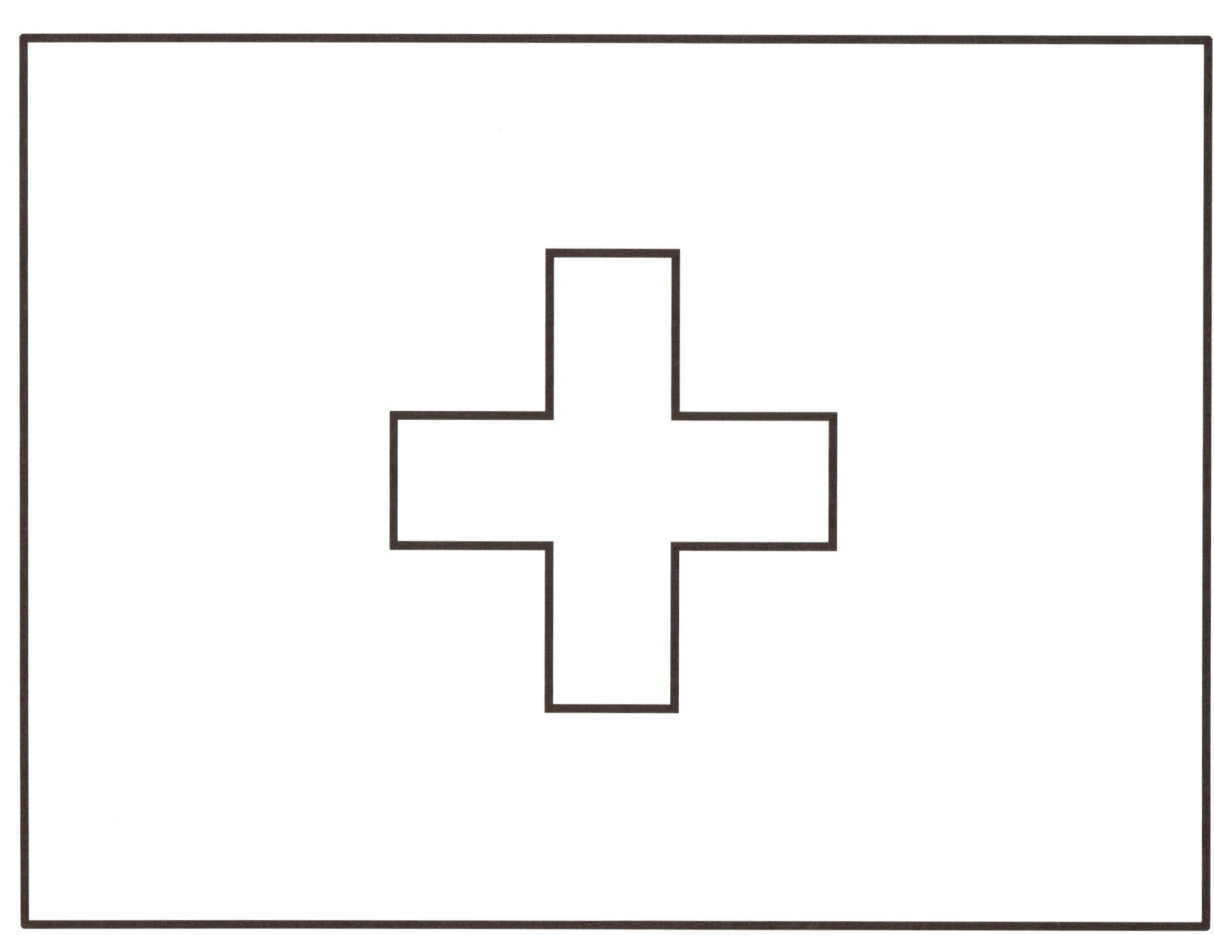

SWITZERLAND 스위스

북아메리카와 태평양 지역에 위치한 연방공화국으로 정식명칭은 미합중국(United States of America)이에요. 50개의 주가 모여 형성되었고 그만큼 다양한 인종이 살고 있어요. 현재 전 세계에서 최대 규모의 경제를 보유하고 있는 초강대국이에요.

수도 : 워싱턴 D.C.
언어 : 영어
화폐 : 달러(USD, $)
국기 : 미국의 국기는 성조기라고 불러요. 국기 안에 있는 별은 미국의 50개 주를 상징하고, 빨간색과 하얀색의 가로줄은 미국이 독립했을 때 최초의 13개 주를 의미한다고 해요. 만약 주가 새로 추가되면 국기의 별도 추가되는데요. 바로 바뀌는 건 아니고 미국의 독립기념일인 7월 4일에 바뀐 성조기를 적용한다고 해요.
문화 : 하와이는 미국의 50번째 주로 태평양의 낙원이라 불러요. 총 5개의 카운티로 이루어져 있으며 가장 유명한 섬은 호놀룰루와 와이키키 해변이 있는 오아후섬이에요. 바닥이 훤히 보일 정도로 맑은 에메랄드빛 바다와 아름다운 풍경이 있고, 밤에는 신나는 파티가 벌어지는 재미있는 휴양지랍니다. 하와이에는 파인애플이 가장 맛있다고 하니 꼭 먹어보세요.

AMERICA 미국

남아시아에 위치한 국가로 정식명칭은 인도 공화국이에요. 전 세계에서 인구가 가장 많으며 국토 면적 역시 7위의 대국이랍니다. 인구가 많은 만큼 다양성이 뚜렷한 나라예요.

수도 : 뉴델리
언어 : 힌디어(40%)와 14개 공용어, 영어
화폐 : 루피(INR, Rs / ₹)
국기 : 인도의 국기는 티랑가라고 불러요. 국기의 주황색, 하얀색, 초록색은 각각 용기와 헌신, 진리와 평화, 믿음과 번영을 의미해요. 가운데에 있는 문양은 '아소카 차크라'라고 하는데 마우리아 제국의 황제였던 아소카의 사자상에 새겨져 있는 법륜에서 유래되었어요. 차크라의 24개의 바큇살은 24시간, 즉 하루를 의미해요.
문화 : 인도는 향신료의 나라라고 해도 과언이 아니에요. 그만큼 다양한 향신료를 사용해서 음식을 만드는데, 그중 가장 대표적인 음식으로는 커리와 탄두리 치킨이 있어요. 커리와 탄두리 치킨 역시 어떤 향신료를 사용하느냐에 따라 종류가 아주 다양해서 골라 먹는 재미가 있어요. 사실 인도는 세계적으로 채식주의자가 가장 많은 나라이기도 한데요. 힌두교 신자는 소고기를, 무슬림은 돼지고기를 먹지 않기 때문이에요. 그래서 닭 요리가 인기 있나 봐요.

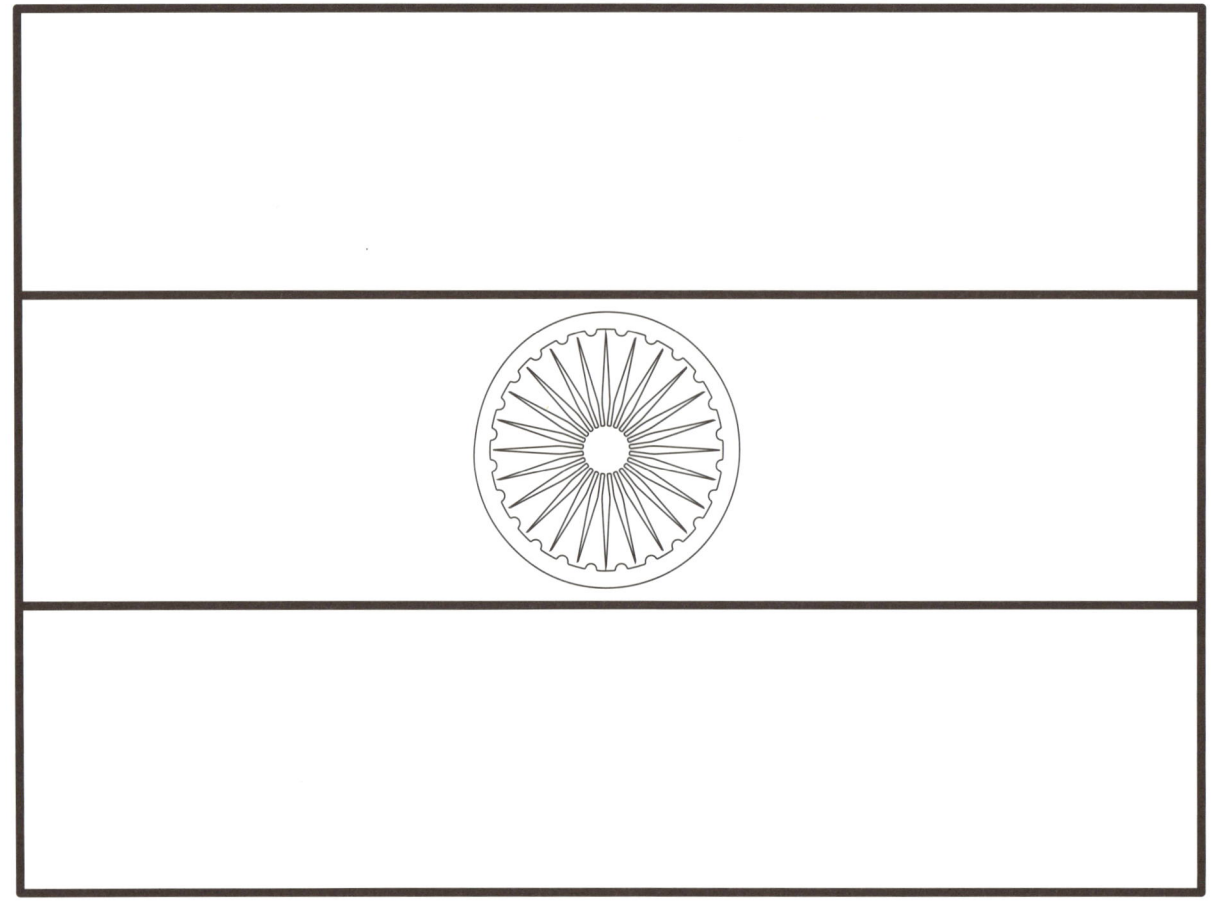

INDIA 인도

북아메리카 남부에 위치한 연방 국가로 정식명칭은 멕시코 합중국이에요. 31개 주와 1개의 특별구로 나뉘어 있어요. 국가의 이름은 수도인 멕시코시티에서 따왔는데, 멕시코시티는 '멕시틀리(전쟁의 신)의 땅'이라는 뜻을 가지고 있어요.

MEXICO
멕시코

수도 : 멕시코시티
언어 : 에스파냐어
화폐 : 페소(MXN, Mex$ / ₱)
국기 : 멕시코의 국기는 초록색, 하얀색, 빨간색의 세로줄 무늬 가운데에 국가 문장이 그려져 있는 모습이에요. 국기의 색상은 각각 독립과 대지, 순결과 통일, 인종의 통합과 국가 독립을 위해 바친 희생이라고 해요. 국기의 가운데에는 부리와 발톱으로 뱀을 잡고 선인장 위에 서 있는 황금독수리 모양의 국가 문장이 있어요. 이는 독수리가 뱀을 물고 선인장 위에 앉아있는 호숫가 근처에 도시를 세우라는 아스텍의 테노치티틀란 전설에서 유래된 것이에요.
문화 : 옥수수가 주식인 멕시코에서는 말린 옥수수가루를 반죽해 만든 토르티야에 각종 음식을 넣어 먹는 타코가 가장 유명해요. 담백한 맛에 취향에 따라 속재료와 소스를 고를 수 있으며, 손에 들고 다니면서 먹기 편해서 간단한 한 끼로 최고의 음식이에요. 이외에도 나초나 케사디야, 부리토, 과카몰레 등도 유명해요. 참고로 멕시코는 스페인의 식민지였기 때문에 음식 문화 또한 많은 영향을 받았고, 독립한 후에는 다양한 이민자들의 음식과 융합하면서 발전해 뛰어난 식문화를 가지고 있어요.

MEXICO 멕시코

서유럽에 위치한 입헌군주국으로 정식명칭은 벨기에 왕국이에요. 일본과 마찬가지로 왕과 총리가 있으나, 상징적인 의미의 일왕과 달리 벨기에의 왕은 정치적 영향력을 행사하고 있다는 점에서 차이가 있어요.

BELGIUM 벨기에

수도 : 브뤼셀
언어 : 네덜란드어, 프랑스어, 독일어
화폐 : 유로(EUR, €)
국기 : 벨기에의 국기는 프랑스의 국기 디자인을 본떠 만들었어요. 검은색, 노란색, 빨간색의 세로줄 무늬로 되어 있는데 이 색상은 브라반트 공국의 문장에서 유래되었다고 해요. 브라반트 공국은 브뤼셀을 포함한 지역의 중세 국가인데, 이 공국의 문양은 검은색 바탕에 붉은 손톱과 혀를 내밀고 있는 노란색 사자예요.
문화 : 벨기에는 와플이나 맥주가 유명하지만, 무엇보다 인기가 많은 건 바로 초콜릿이에요. 특히 아몬드나 땅콩 등의 견과류에 설탕을 입히고 초콜릿으로 감싼 '프랄린 초콜릿'이 처음 만들어진 곳이기도 해요. 벨기에의 초콜릿은 맛도 좋지만, 그 모양도 화려해서 보는 재미가 있는데요. 17세기부터 초콜릿 장인들이 벨기에로 모여 다양한 초콜릿을 만들면서 지금은 세계에서 손꼽히는 초콜릿 제조국이 되었어요.

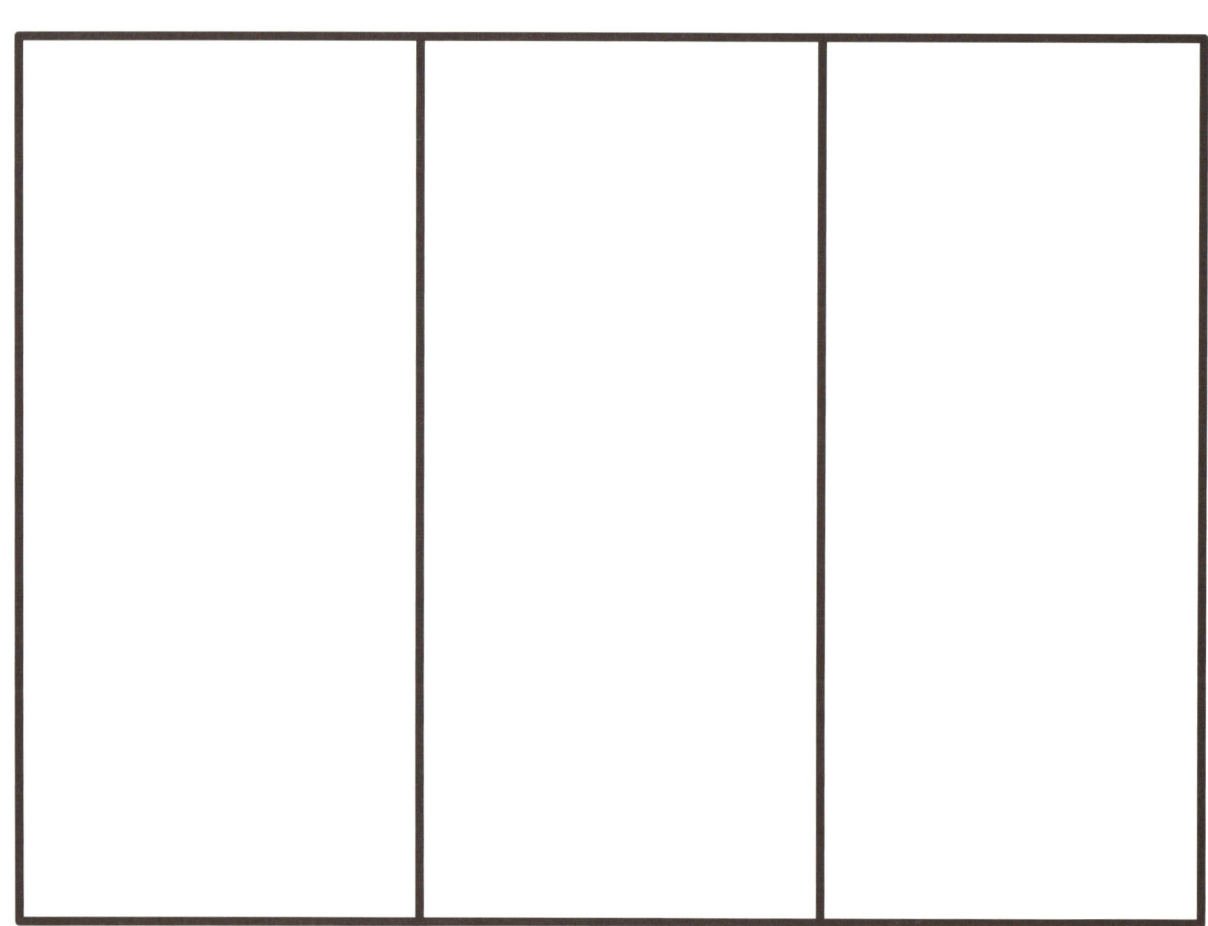

BELGIUM 벨기에

북유럽에 위치한 국가로 국토의 1/3이 북극권에 속해 있어요. 겨울에는 해가 뜨지 않는 극야가 있고, 여름에는 해가 지지 않는 백야가 있어요.

FINLAND 핀란드

수도 : 헬싱키
언어 : 핀란드어, 스웨덴어
화폐 : 유로(EUR, €)
국기 : 핀란드의 국기는 청십자기라고 불러요. 하얀색 배경에 남색의 스칸디나비아 십자가가 그려져 있는데, 국기의 하얀색은 눈 덮인 새하얀 대지를, 남색은 푸른 호수와 하늘을 의미해요. 스칸디나비아 십자가는 스칸디나비아반도의 국기 디자인에 공통으로 나타나는 모양으로 핀란드를 비롯해 덴마크, 스웨덴, 노르웨이, 아이슬란드 국기에 사용되고 있어요.
문화 : 겨울의 나라인 핀란드에는 정말로 산타가 있어요. 핀란드 북쪽 로바니에미 지역에는 산타 마을이 있는데 진짜 산타클로스가 살고 있어서 함께 사진도 찍을 수 있답니다. 산타클로스에게 편지를 보내면 답장도 받을 수 있어요. 주소를 남겨둘 테니 돌아오는 크리스마스에는 편지를 써 보는 건 어때요?

☆ **산타클로스 집 주소** : Santa Claus, FIN-96930, Arctic Circle, Finland. ☆

FINLAND 핀란드

PART 4
띠부띠부 세계여행
도안

띠부띠부 세계여행 도안을 준비했어요. 책에서 소개하고 있는 종이놀이를 모두 만들어 볼 수 있도록 전 작품의 도안을 수록했으니 원하는 도안을 선택해 만들어요. 도안을 만들 때는 다치지 않게 언제나 손 조심하는 것을 잊지 마세요.

[한국 : 맛있는 김장 놀이 ❶]

[한국 : 맛있는 김장 놀이 ❷]

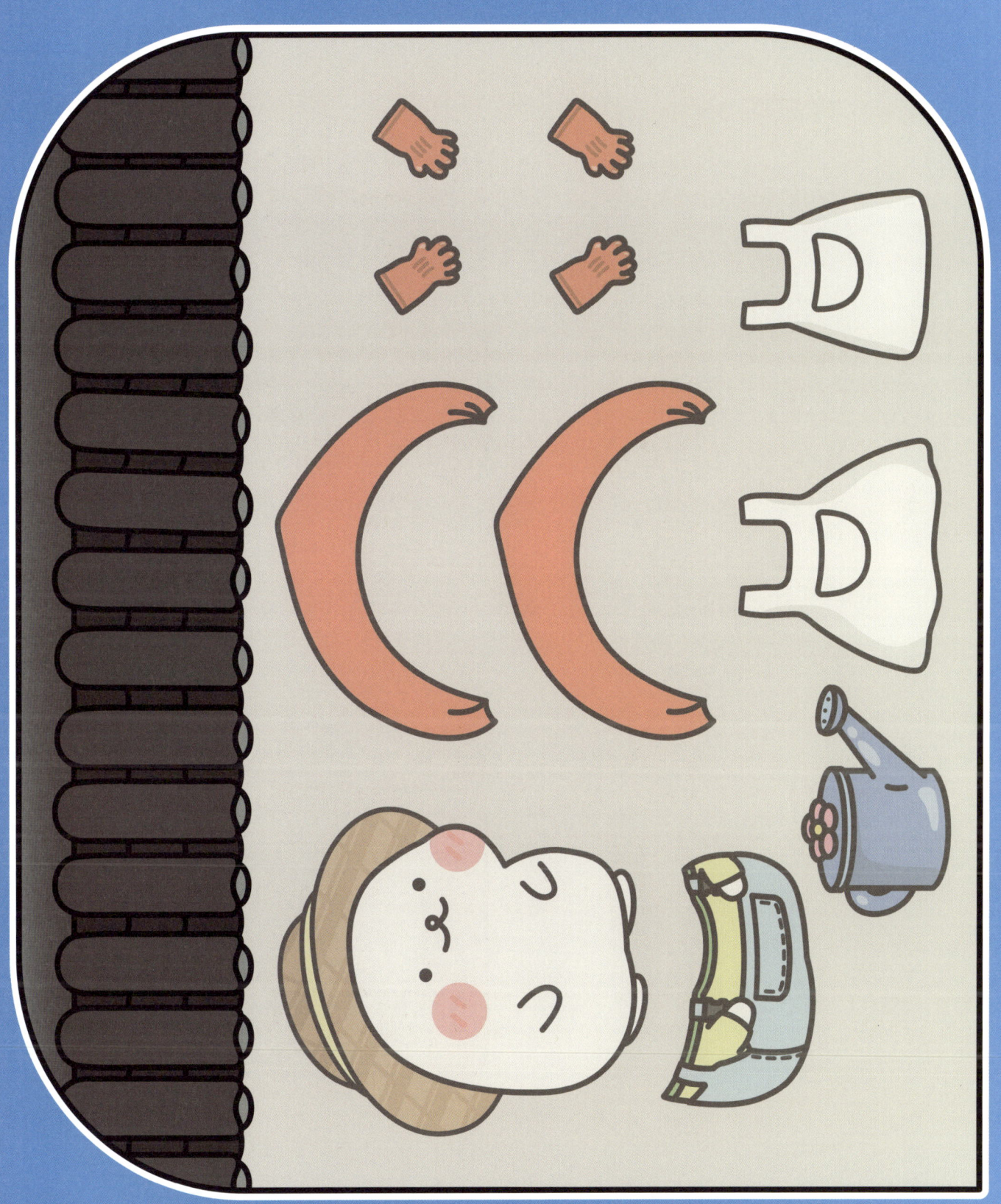

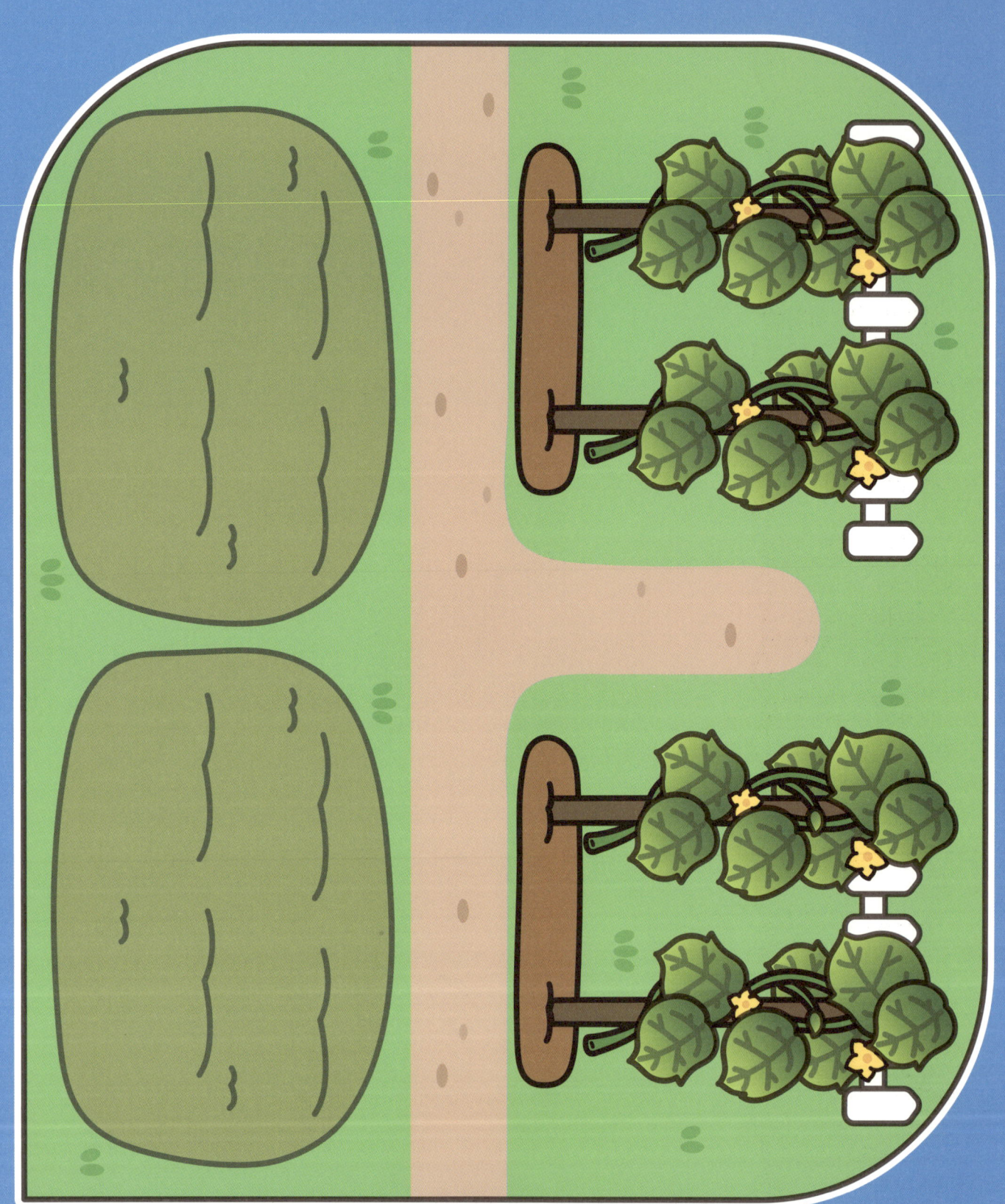

[한국 : 맛있는 김장 놀이 ❸]

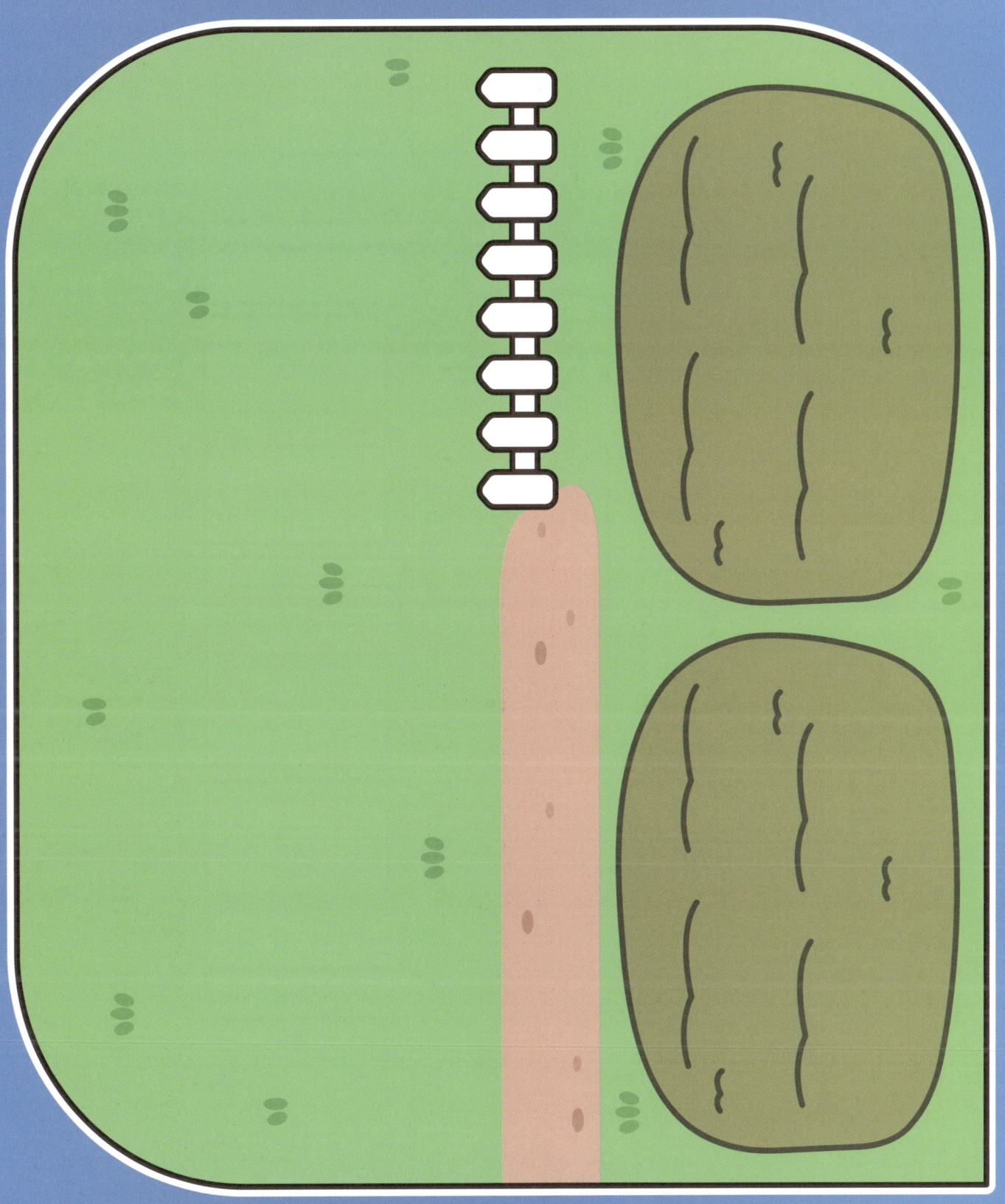

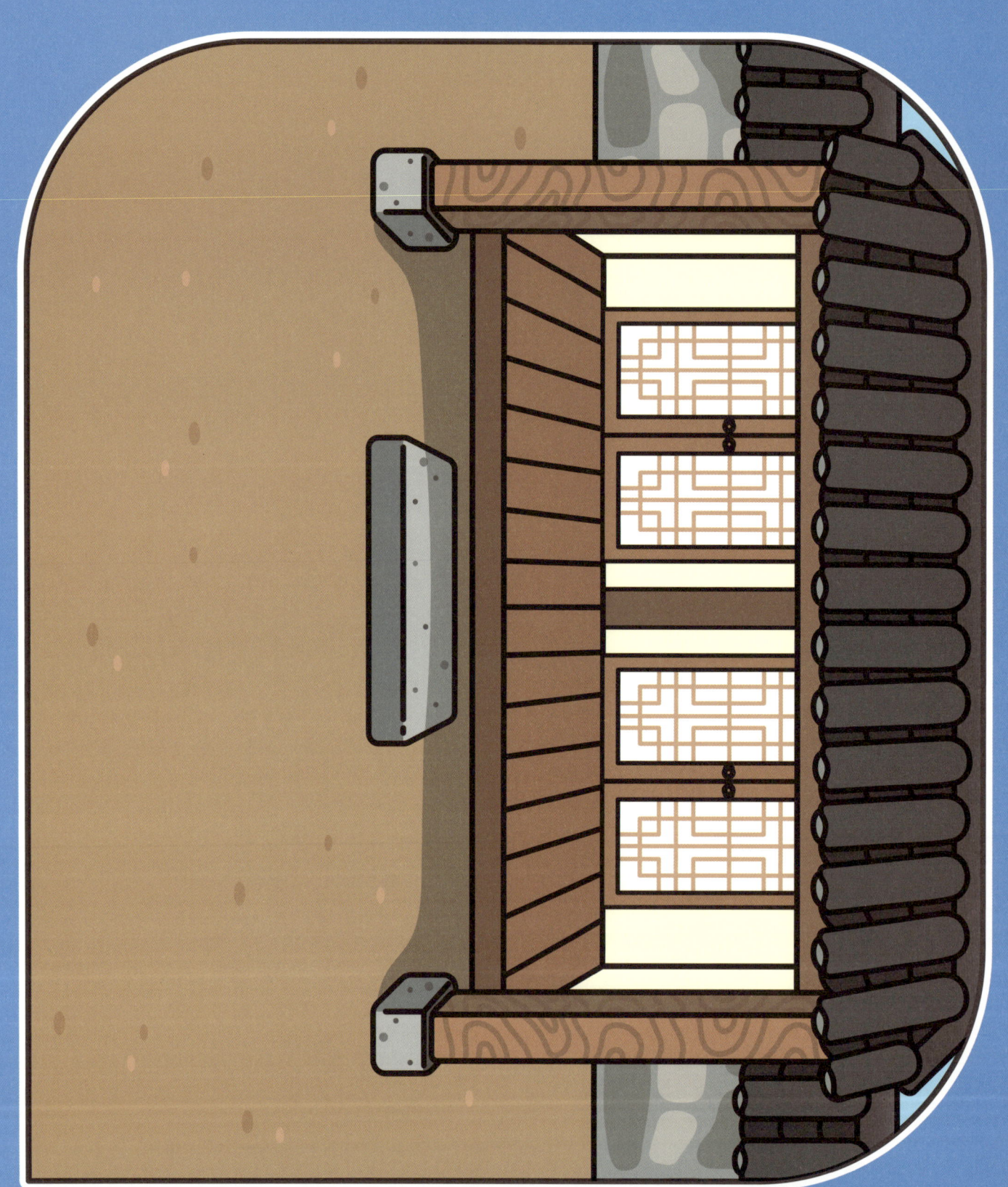

[한국 : 맛있는 김장 놀이 ④]

[한국 : 맛있는 김장 놀이 ⑤]

[한국 : 맛있는 김장 놀이 ⑥]

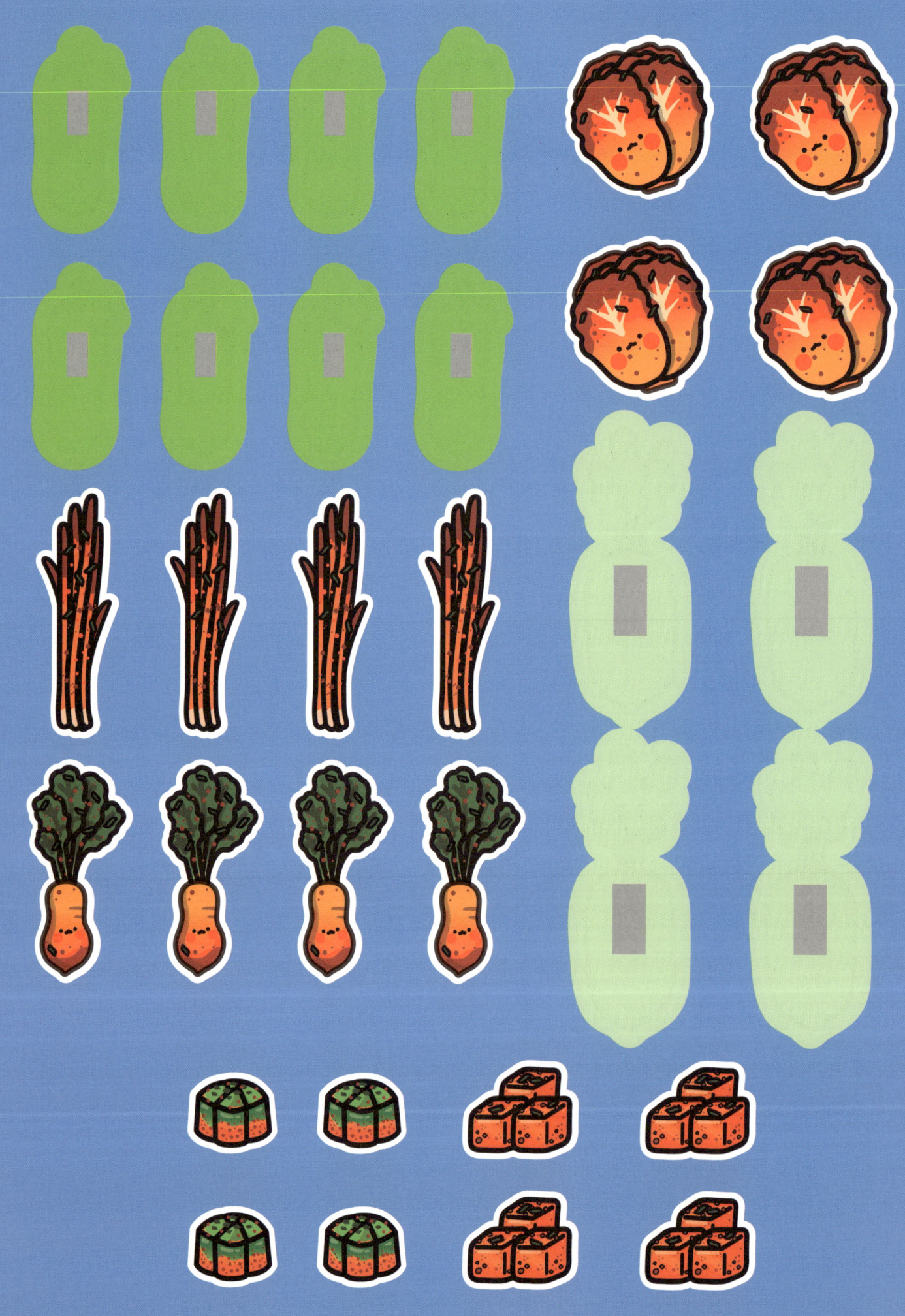

[한국 : 맛있는 김장 놀이 ⑦]

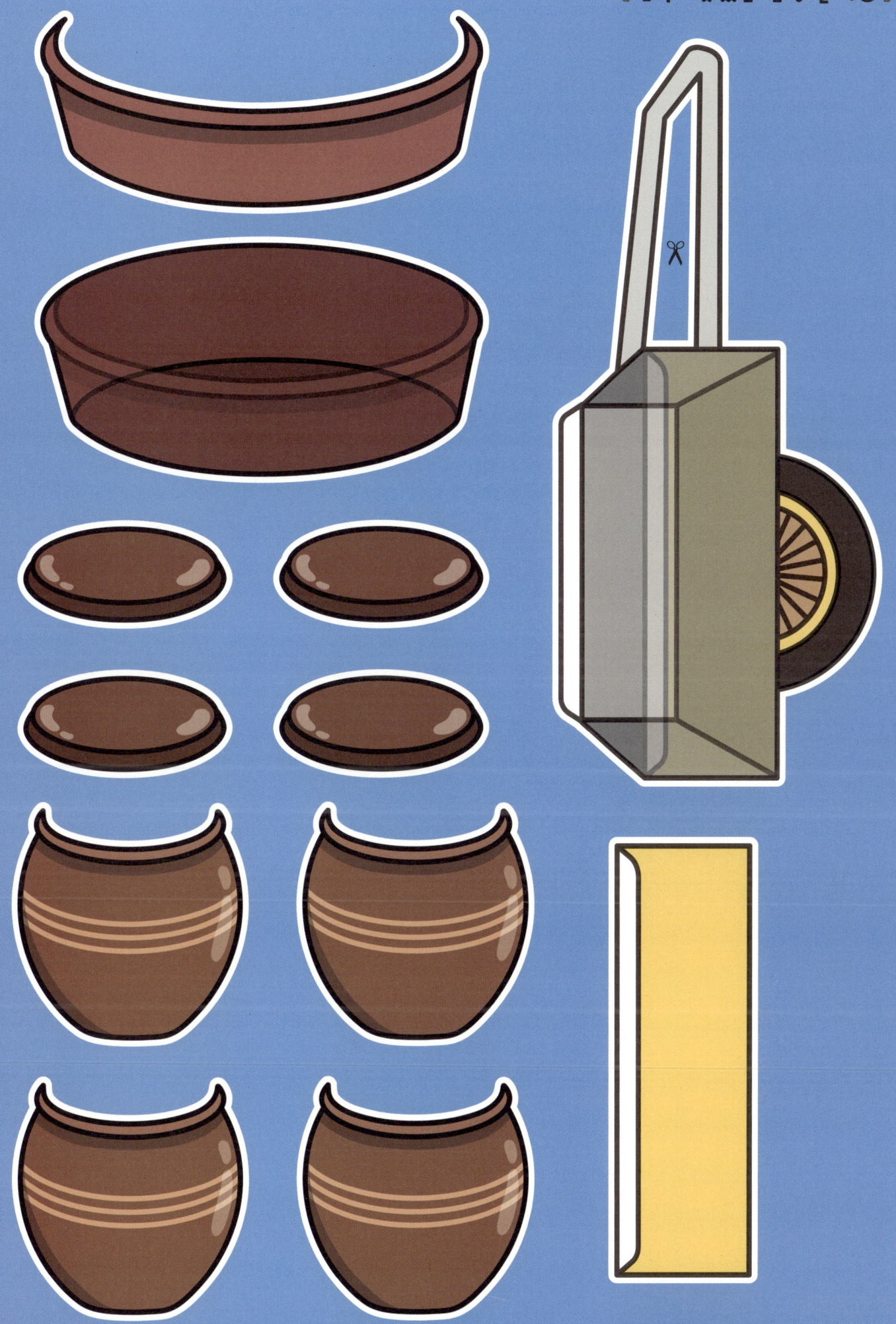

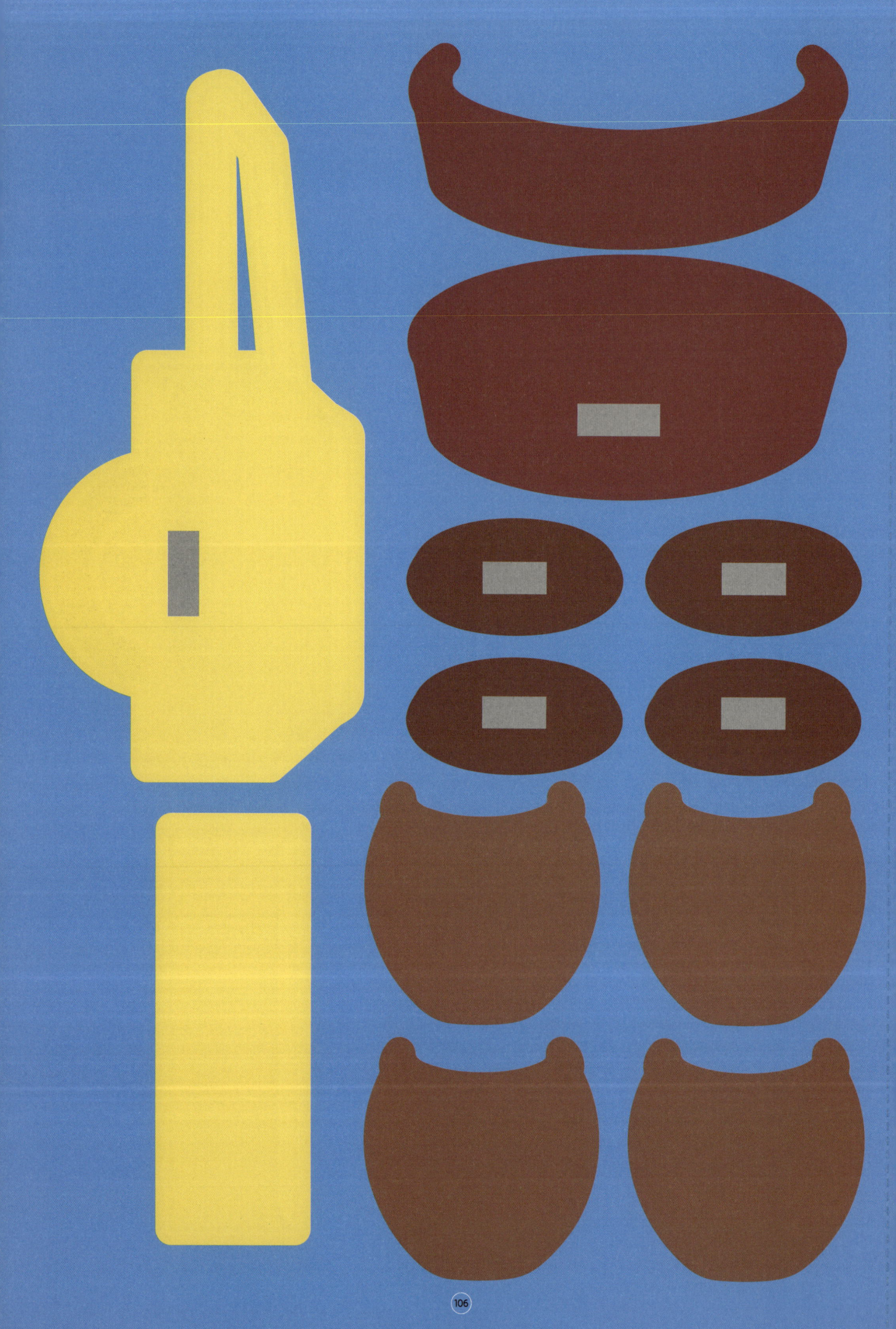

[한국 : 맛있는 김장 놀이 ⑧]

[일본 : 따끈따끈 온천 ❶]

[일본 : 따끈따끈 온천 ❷]

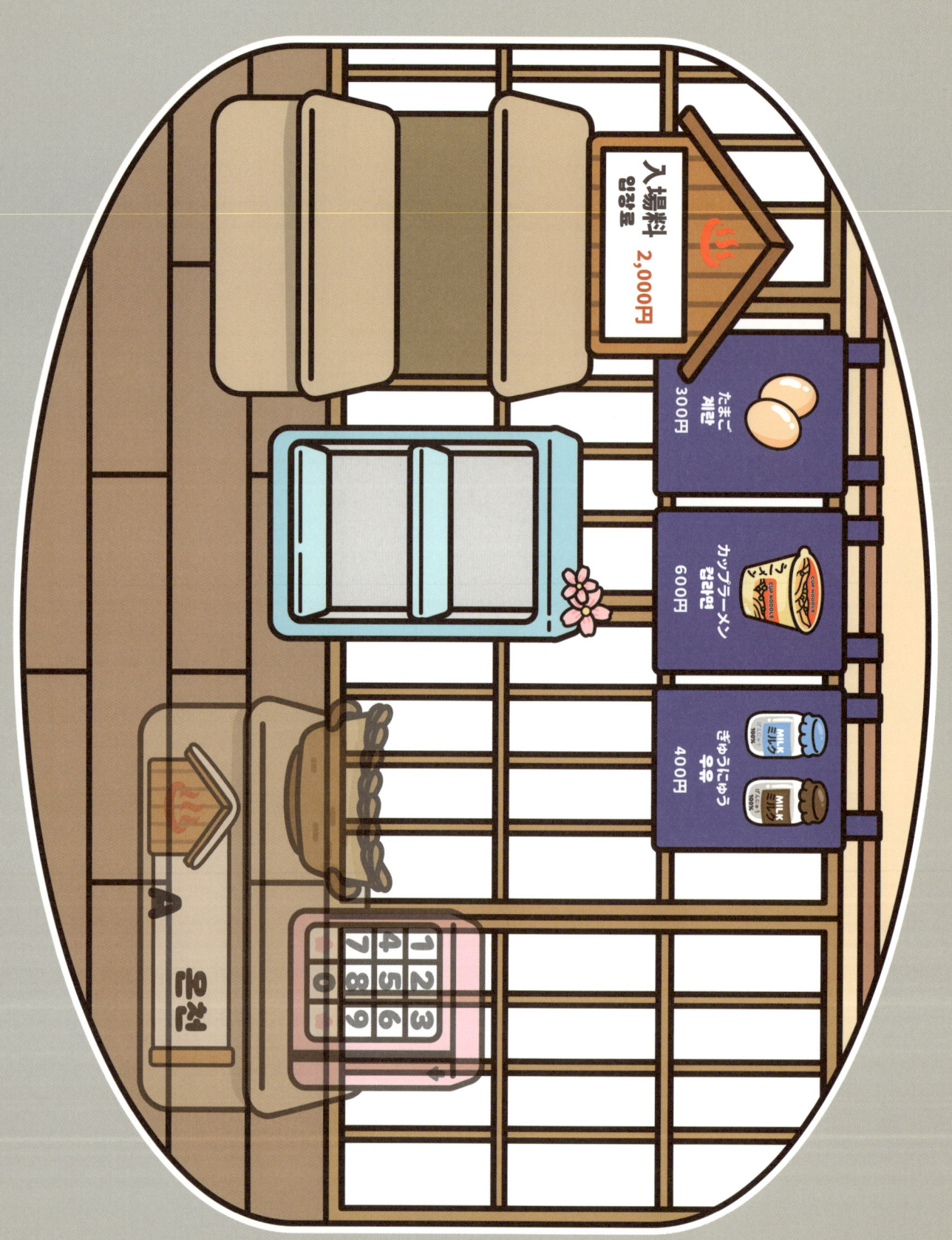

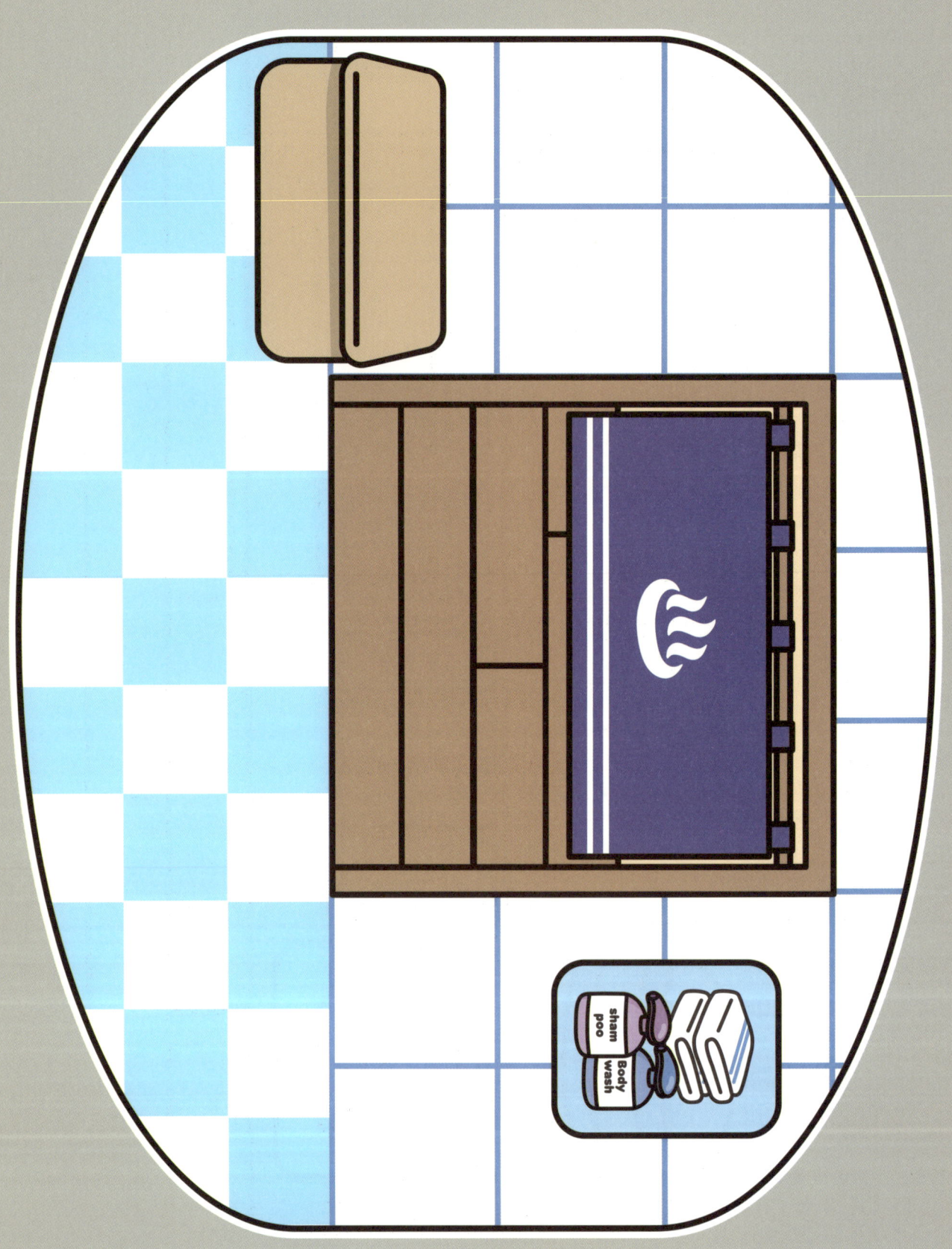

[일본 : 따끈따끈 온천 ❹]

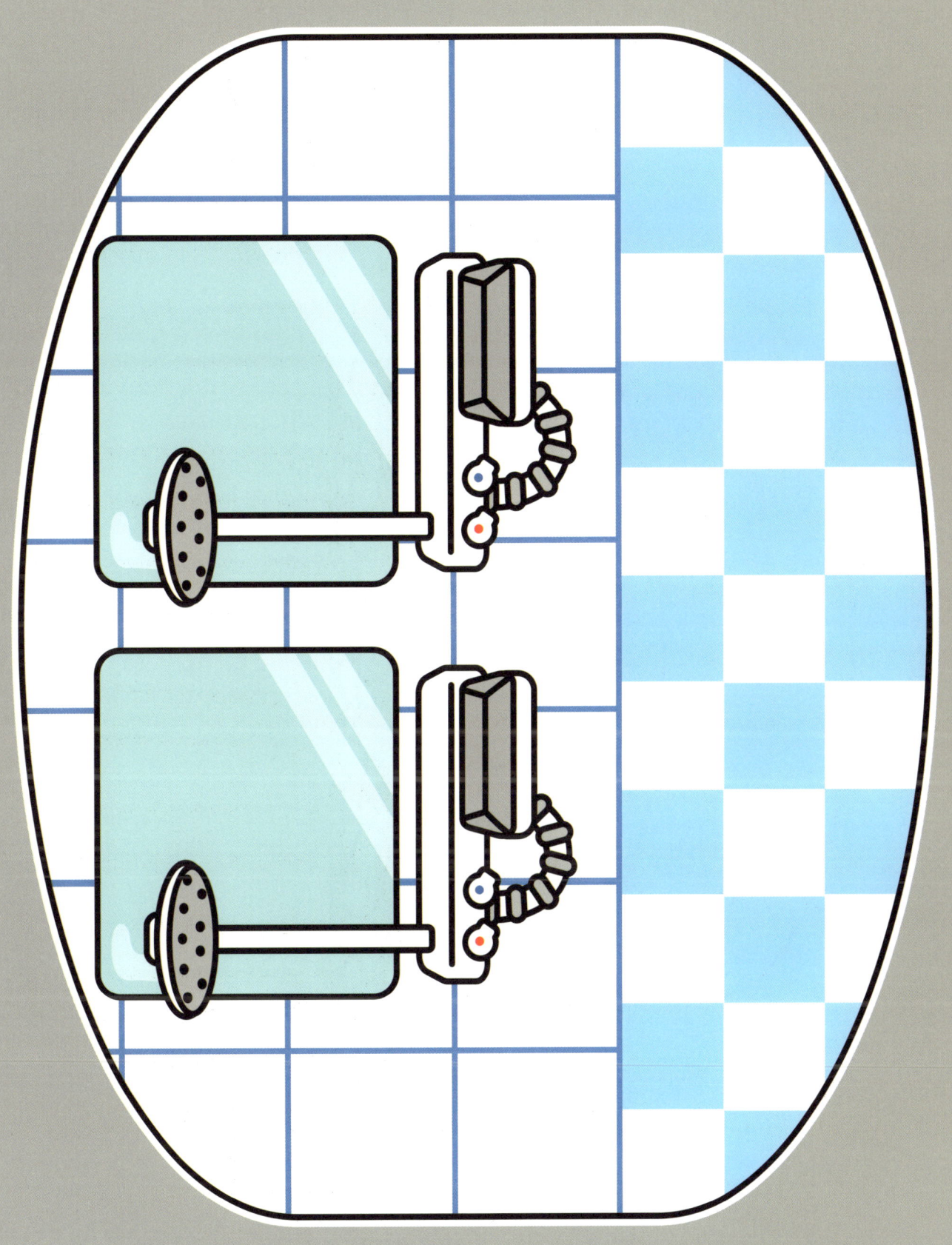

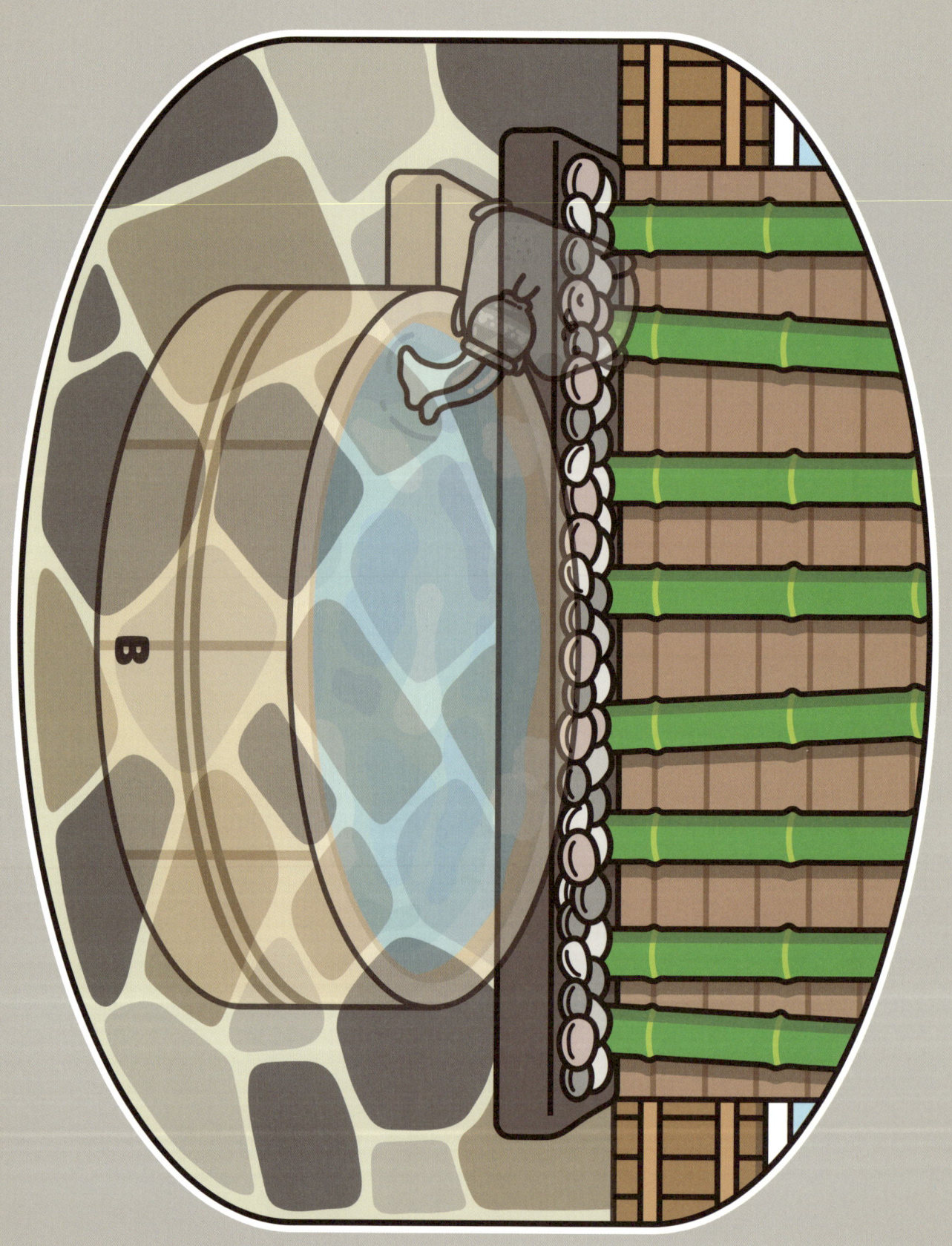

[일본 : 따끈따끈 온천 ❺]

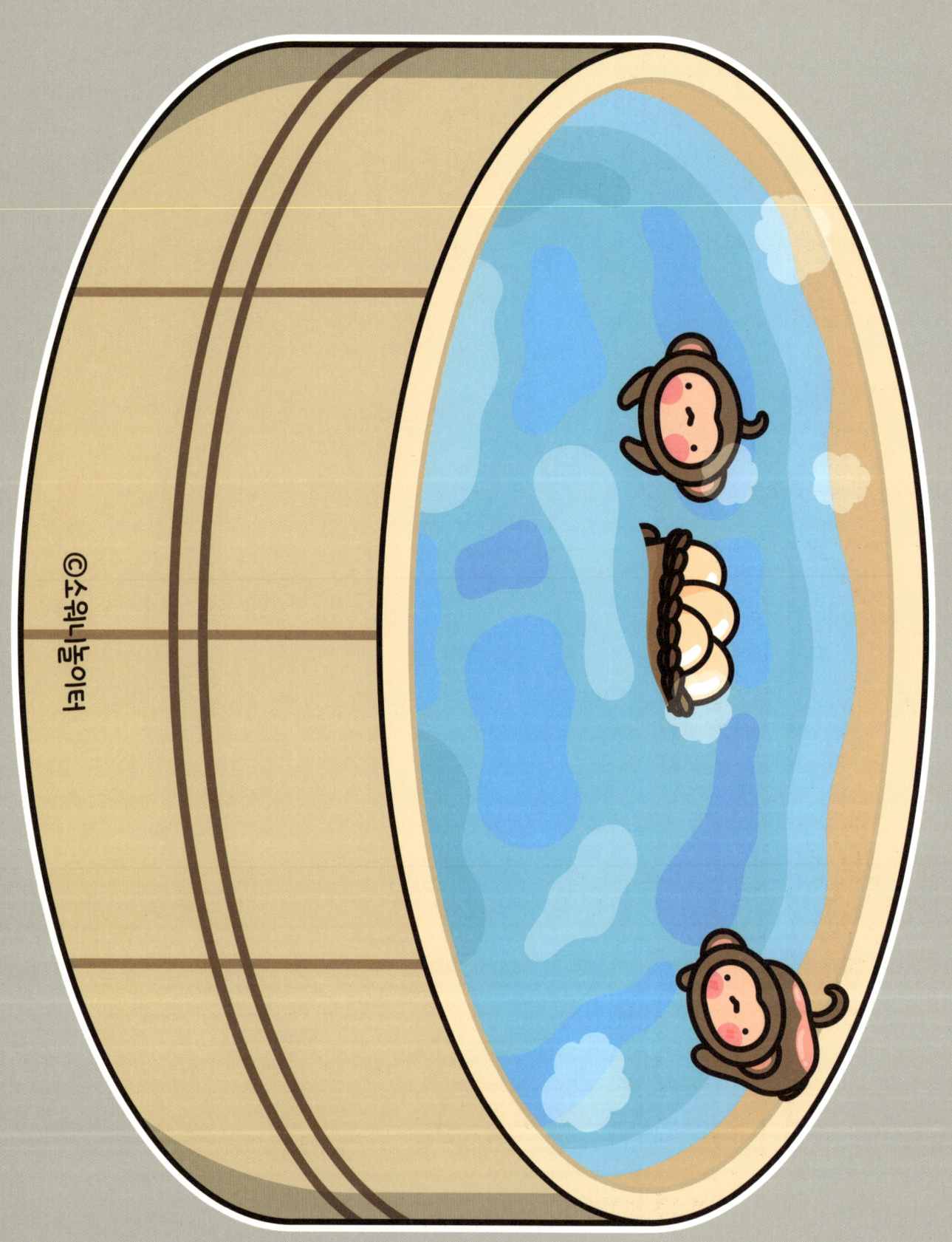

[일본 : 따끈따끈 온천 ⑥]

[일본 : 따끈따끈 온천 ⑧]

[중국 : 골라골라 마라탕 ❶]

[중국 : 골라골라 마라탕 ❷]

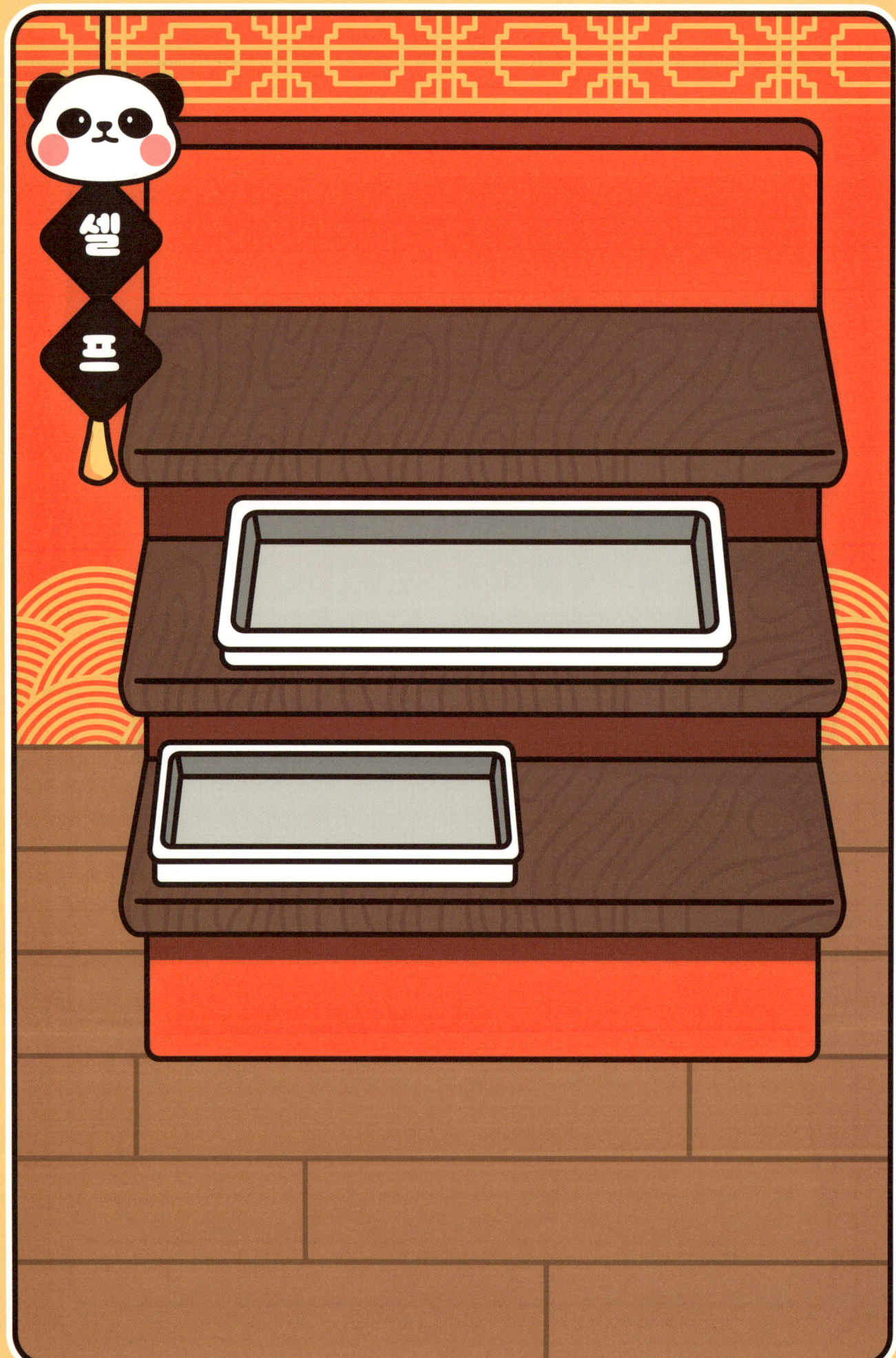

[중국 : 골라골라 마라탕 ⑤]

[중국 : 골라골라 마라탕 ⑥]

136

[중국 : 골라골라 마라탕 ❼]

[중국 : 골라골라 마라탕 ⑧]

[중국 : 골라골라 마라탕 ⑩]

라면 우동사리 청경채

고구마 떡 일반 떡 느타리버섯 소시지 어묵 꼬치

[프랑스 : 해피 베이커리 ❶]

[프랑스 : 해피 베이커리 ❷]

[프랑스 : 해피 베이커리 ❷]

[프랑스 : 해피 베이커리 ❸]

[프랑스 : 해피 베이커리 ④]

[프랑스 : 해피 베이커리 ❺]

[프랑스 : 해피 베이커리 ⑥]

[프랑스 : 해피 베이커리 ⑦]

소라빵

단팥빵

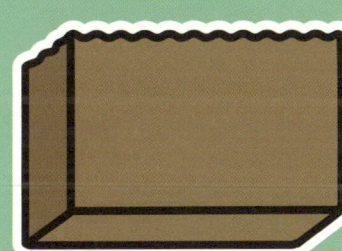

컵케이크

롤케이크

France MILK
프랑스 우유
2.80€
음메 우유
2.50€

크림
딸기
오렌지
블루베리
슈크림빵
5.30€

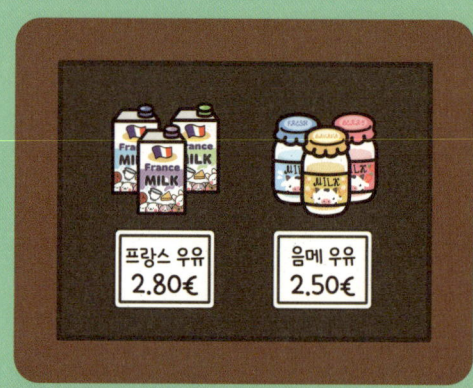

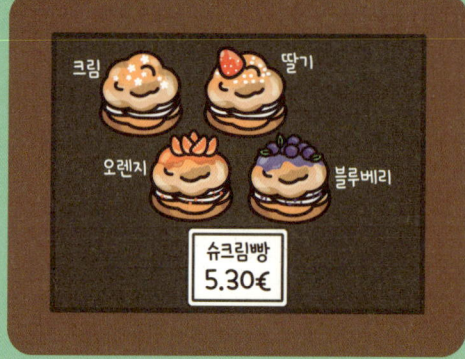

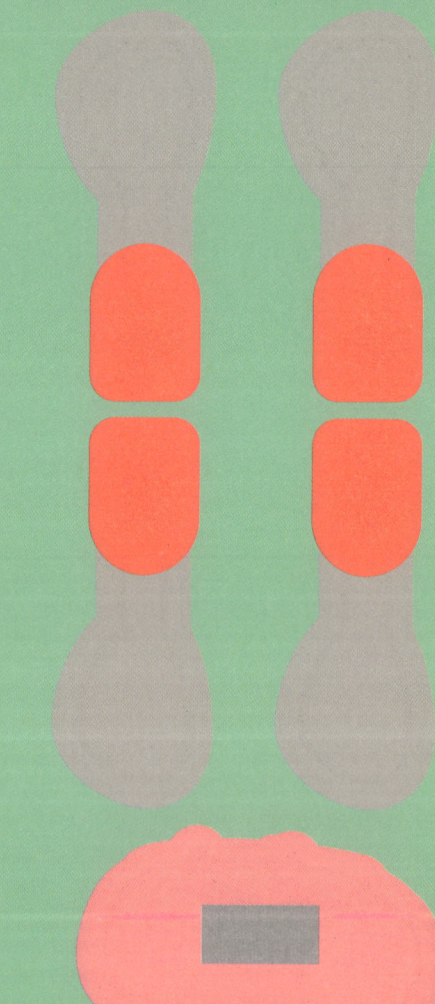

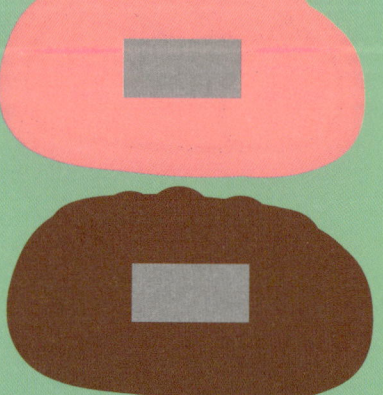

[스위스 : 행복한 동물농장 ❶]

[스위스 : 행복한 동물농장 ❷]

[스위스 : 행복한 동물농장 ❸]

[스위스 : 행복한 동물농장 ④]

[스위스 : 행복한 동물농장 ⑤]

[스위스 : 행복한 동물농장 ⑥]

[스위스 : 행복한 동물농장 7]

[스위스 : 행복한 동물농장 ⑧]

[미국 : 하와이 비치 바 ❶]

[미국 : 하와이 비치 바 ❷]

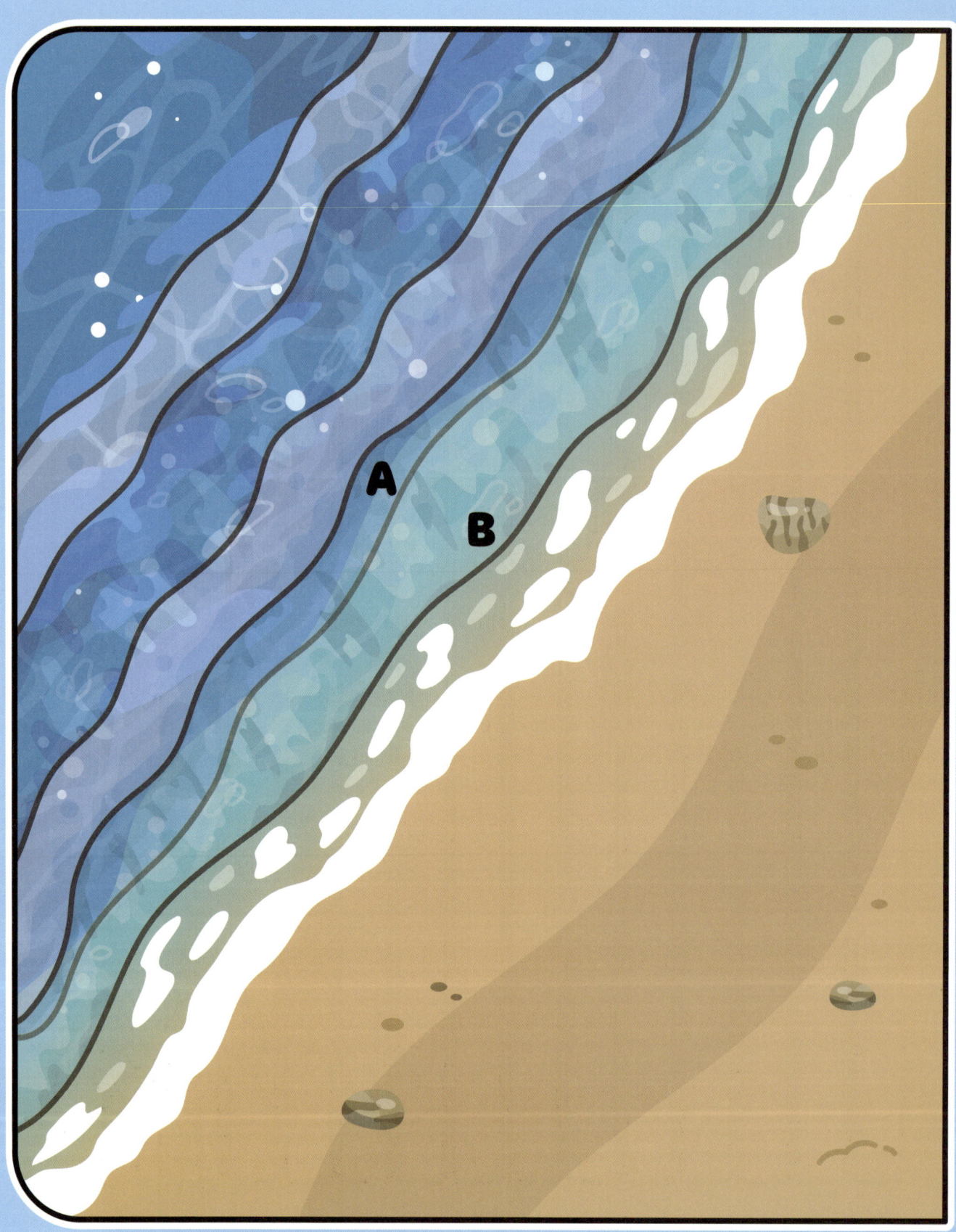

[미국 : 하와이 비치 바③]

[미국 : 하와이 비치 바 ④]

[미국 : 하와이 비치 바 ⑥]

[미국 : 하와이 비치 바 ⑦]

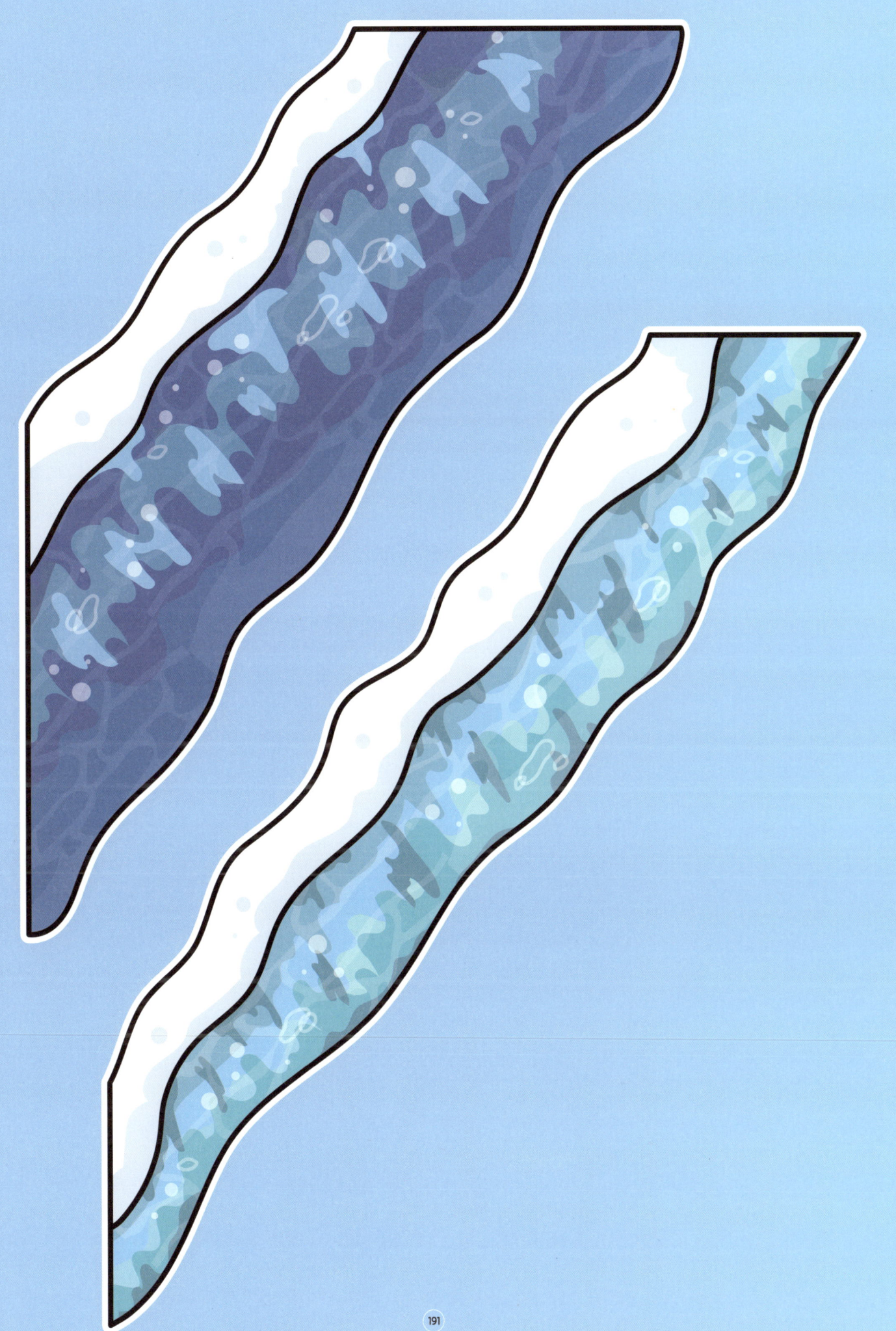
[미국 : 하와이 비치 바⑧]

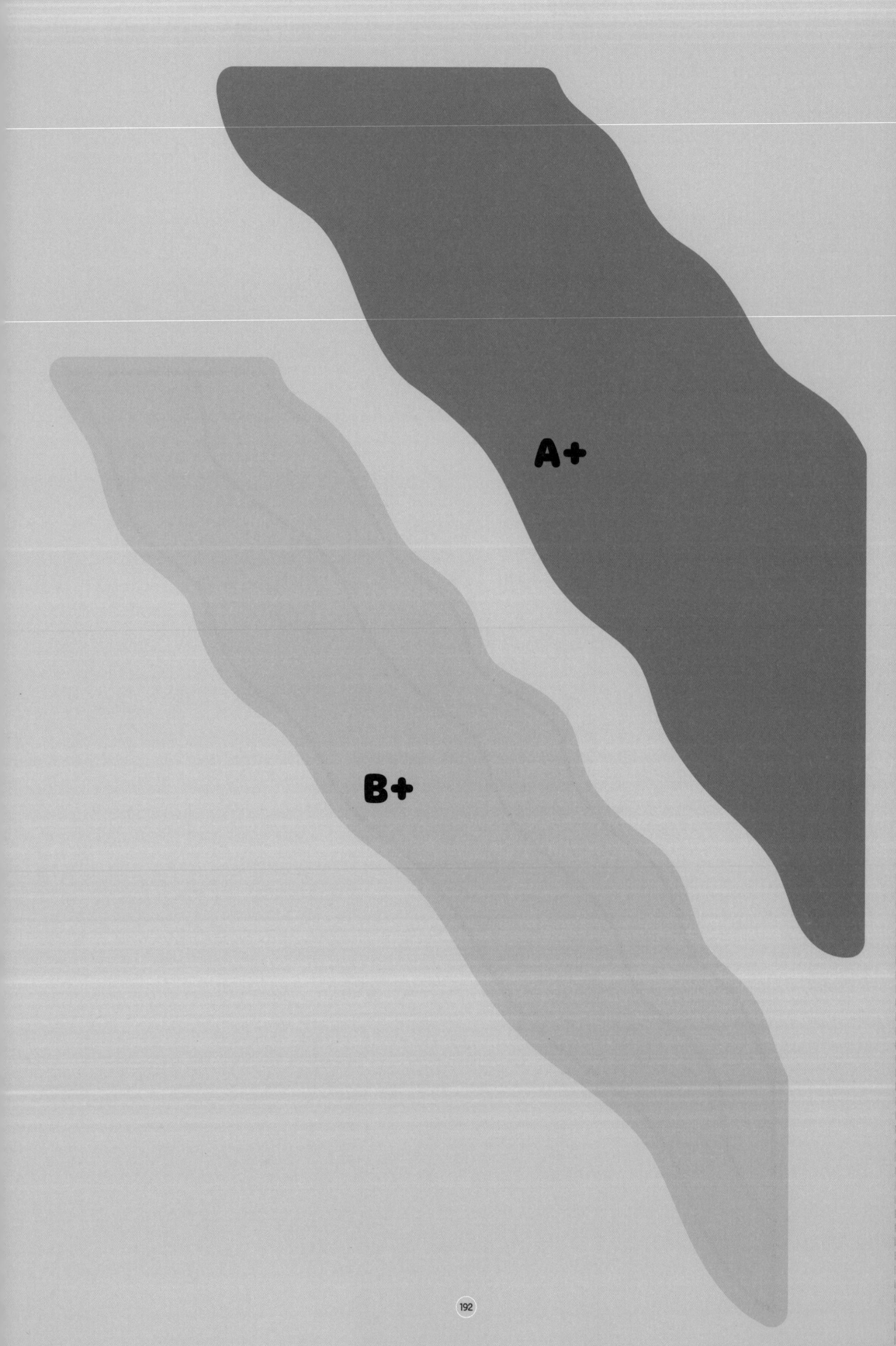

[미국 : 하와이 비치 바 ⑨]

[인도 : 소워니네 커리❷]

[인도 : 소워니네 커리 ❹]

[인도 : 소워니네 커리 ⑤]

망고 라씨

[인도 : 소워니네 커리 ⑥]

플레인 난

치킨 마크니   팔락 파니르   에그 커리

[인도 : 소워니네 커리 ❼]

탄두리 치킨

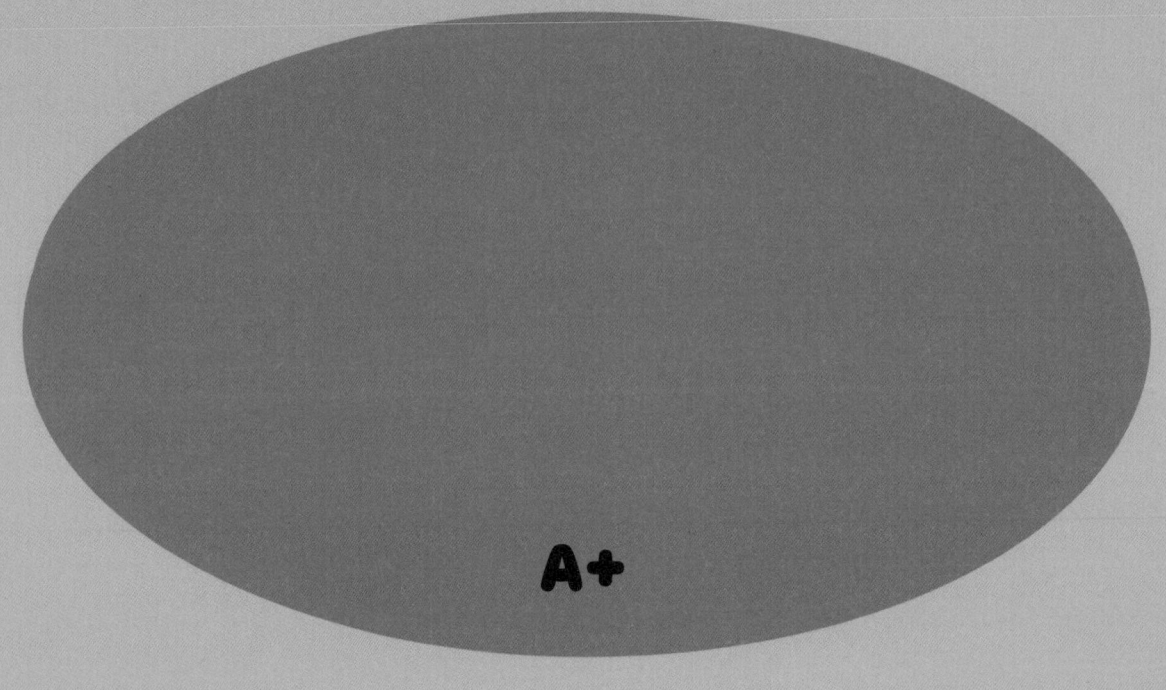

[멕시코 : 타코 푸드트럭❷]

[멕시코 : 타코 푸드트럭④]

[멕시코 : 타코 푸드트럭 ⑤]

[멕시코 : 타코 푸드트럭 ⑥]

[멕시코 : 타코 푸드트럭 ❼]

222

[멕시코 : 타코 푸드트럭 ⑧]

랜덤맛   버섯 데리야끼   핫 칠리 페퍼

화이트 크림 갈릭   레몬 머스터드   밀크 아보카도

[멕시코 : 타코 푸드트럭 ⑨]

[멕시코 : 타코 푸드트럭 ⑩]

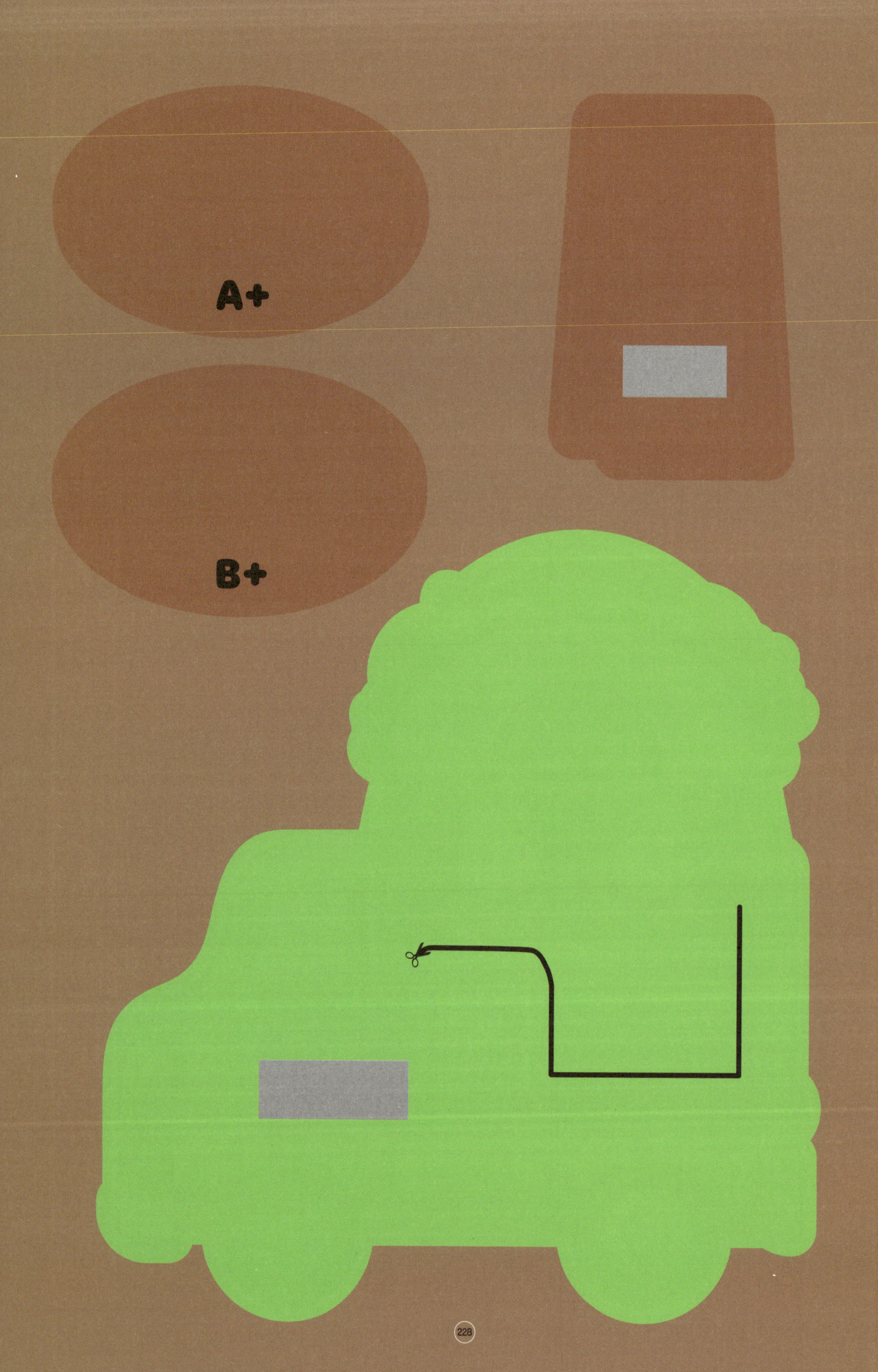

[벨기에 : 초코초코 메이크 ❶]

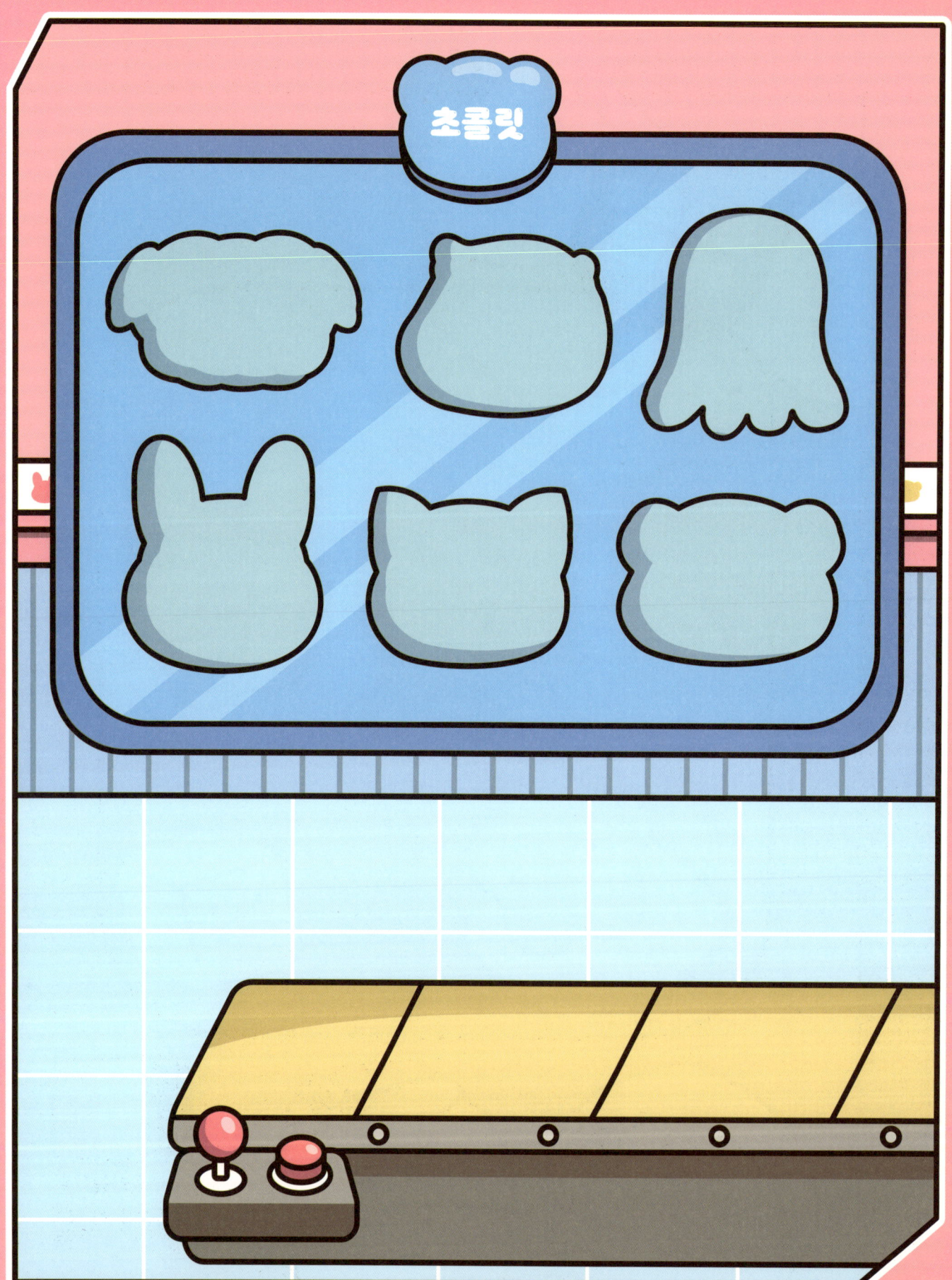

[벨기에 : 초코초코 메이크 ❷]

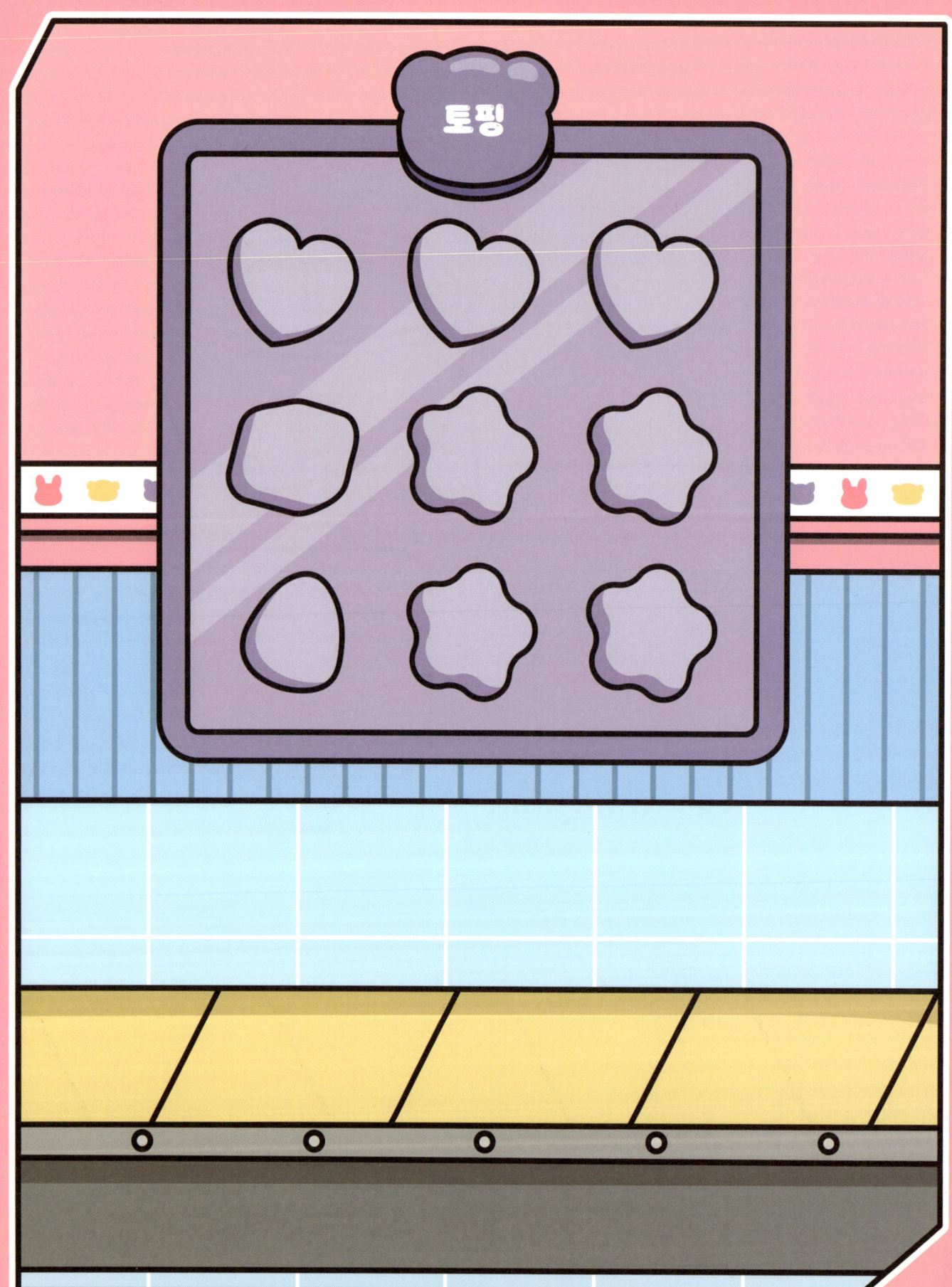

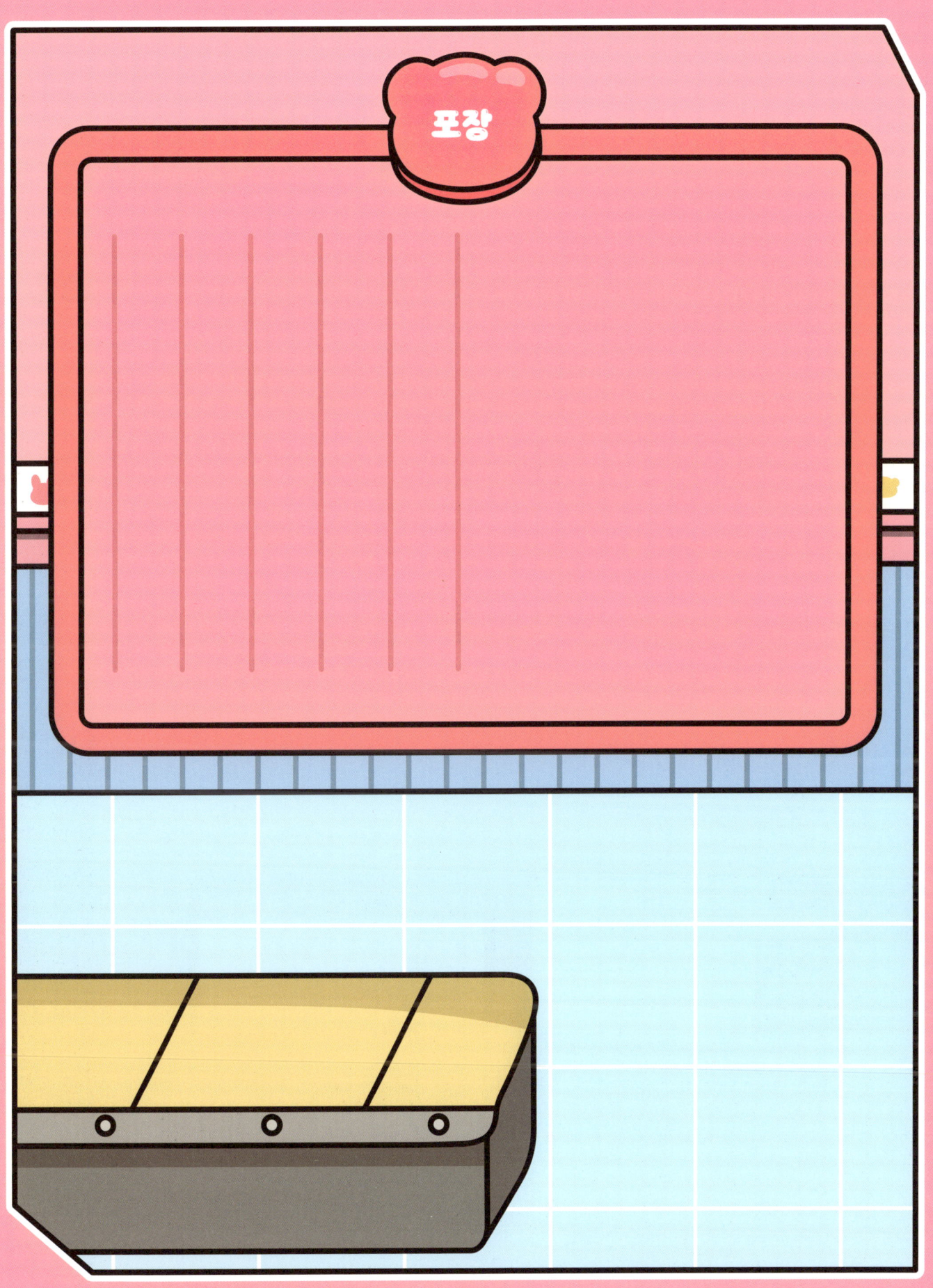

제조원	소워니놀이터제과
	사랑시 행복구 탄탄대로12길 34
원재료명	정성, 사랑, 손길, 마음
유통기한	무한
포장재질	종이

영양정보   총 내용량 5g / 0kcal

초코 10%, 크림 20%, 토핑 20%,
포장 20%, 소워니 15%, 시워니 15%,
귀여움 한 스푼, 벨기에 두 스푼

123 45 678 90

©소워니놀이터

[벨기에 : 초코초코 메이크 ④]

[벨기에 : 초코초코 메이크 ⑤]

[벨기에 : 초코초코 메이크 ⑥]

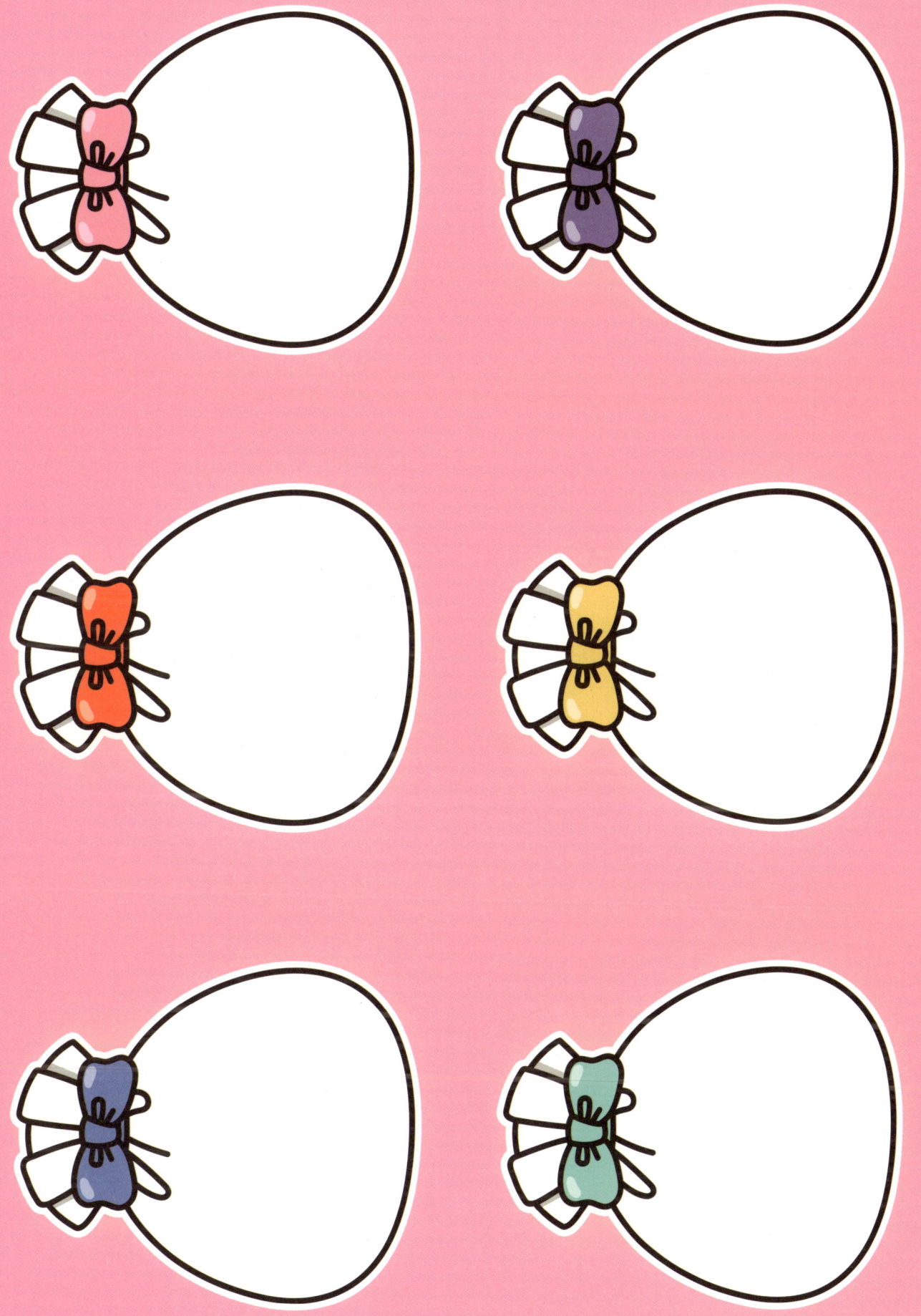

[벨기에 : 초코초코 메이크 ⑦]

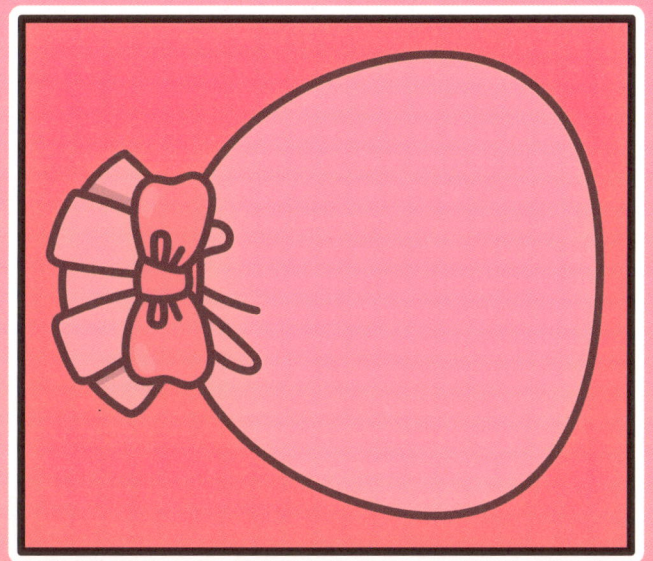

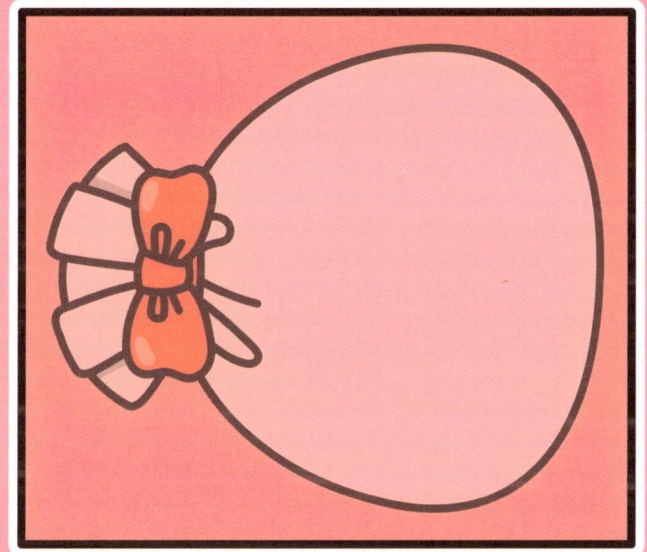

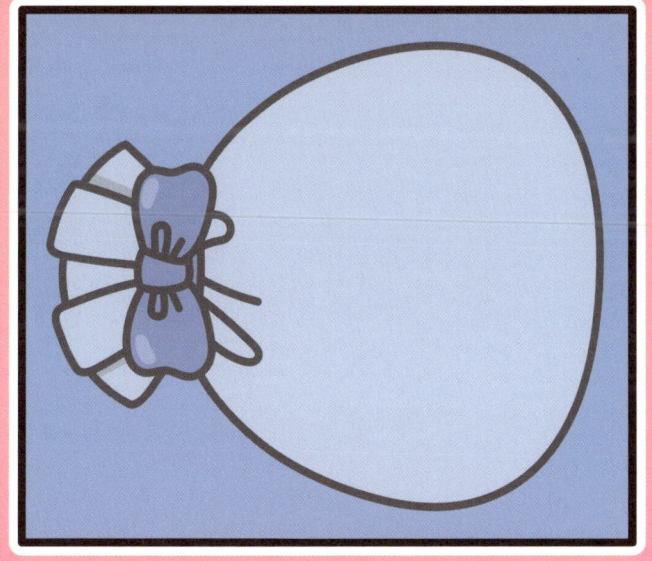

[핀란드 : 산타 마을 ❶]

FINLAND
핀란드

[핀란드 : 산타 마을 ❷]

[핀란드 : 산타 마을 ④]

[핀란드 : 산타 마을 ⑤]

[핀란드 : 산타 마을 ⑥]

[핀란드 : 산타 마을 ⑦]

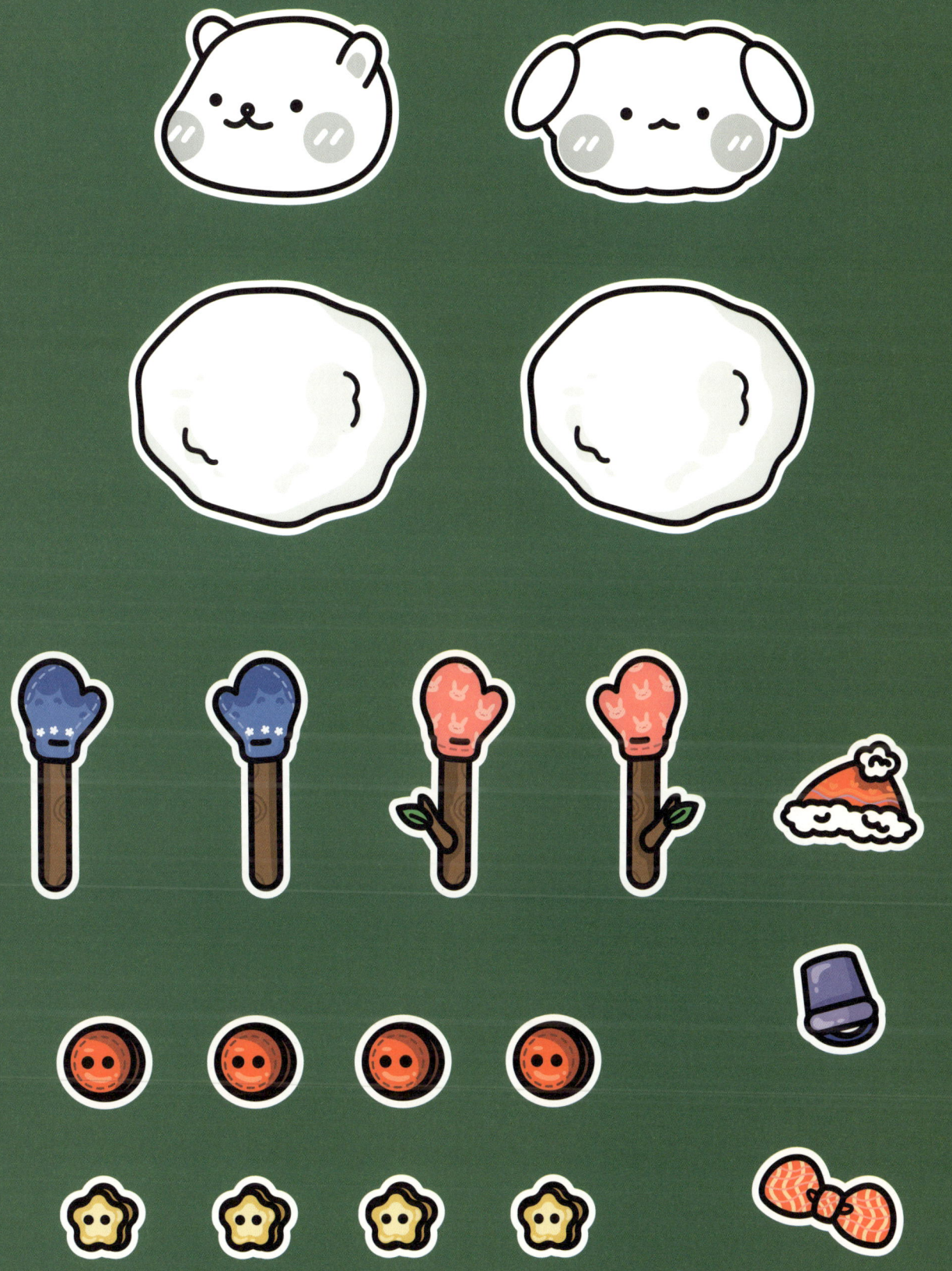

[핀란드 : 산타 마을 ⑧]